Josh McDowell • Kevin Johnson

Voll der Durchblick

Wie erkenne ich Gottes Willen für mein Leben?

Josh McDowell • Kevin Johnson

Voll der Durchblick

Wie erkenne ich Gottes Willen für mein Leben?

SCHULTE & GERTH

Infos über weitere Bücher von Josh McDowell gibt's bei
CAMPUS FÜR CHRISTUS, Postfach 100 262, D-35332 Gießen.

Die amerikanische Originalausgabe erschien im Verlag
Bethany House Publishers
unter dem Titel „God's Will, God's Best".

Aus dem Amerikanischen übersetzt von Barbara Mogel.

Best.-Nr. 815 769
ISBN 3-89437-769-0
1. Auflage 2002
Umschlaggestaltung: Ursula Stephan
Satz: Die Feder GmbH, Wetzlar
Druck und Verarbeitung: Ebner Ulm
Printed in Germany

Inhalt

Kapitel 1

Ich möchte Gottes Plan für mein Leben erkennen

Stell dir vor, du kommst jeden Nachmittag auf dem Heimweg von der Schule an einem Eiswagen vorbei. Und jeden Nachmittag kommt der Eisverkäufer extra über die Straße, um dir eine Eiswaffel zu überreichen. Er bringt dir immer eine andere Sorte, sodass du mit der Zeit eine fast unendliche Anzahl unterschiedlicher Geschmacksrichtungen probiert hast. Du genießt jedes Mal einen ganz neuen Geschmack und gehst dann rundherum glücklich und zufrieden weiter. Dabei hast du ein breites Grinsen im Gesicht – so breit, dass eine Waffeltüte quer hineinpassen würde. Jede Portion Eiscreme sättigt dich genau so lange, bis du die nächste Portion bekommst.

So schön sollte das Leben sein!

Okay, nun hör auf zu träumen und beschäftige dich mit der Wirklichkeit deines Lebens und deiner Zukunft. Was erwartest du von deinem Leben? Geh zurück zum Anfang der Seite und setze für das Wort „Eiswaffel“ etwas ein, das dich zufrieden und glücklich machen würde. Und sei nicht zu bescheiden! Denk nicht an all die vergeblichen Wünsche, die sich nicht erfüllt haben, sondern frage dich lieber: Wenn ich vom Leben haben könnte, was immer ich will, was würde das dann sein?

Georg Barna führte einmal im Rahmen meiner „Right from Wrong"-Aktion (Richtig-oder-falsch-Aktion) eine Meinungsumfrage unter fast 4.000 Jugendlichen durch, die regelmäßig in die Kirche gehen. Dabei fand er heraus, dass sie unter anderem folgende sieben Dinge von ihrem Leben erwarten:

- ✗ *Ein bis zum Maximum gelebtes Leben.* Es muss ja nicht gleich Bungee-Jumping sein, aber es ist schön, wenn du die Kraft, die Freiheit und den Mut hast, um alles Mögliche auszuprobieren.
- ✗ *Die große Liebe, die ein ganzes Leben lang hält.* Ich lerne nun schon seit Jahren auf der ganzen Welt die unterschiedlichsten Menschen kennen und habe festgestellt, dass jeder von ihnen eine der folgenden Ängste hat: die Angst, nicht geliebt zu werden, und die Angst, zu echter Liebe nicht fähig zu sein.
- ✗ *Enge, vertrauensvolle Freundschaften.* Wer will schon ganz allein durchs Leben gehen?
- ✗ *Einen sinnvollen Beruf.* Nachdem du jahrelang mehr oder weniger freiwillig die Schulbank gedrückt hast, freust du dich wahrscheinlich darauf, deinen Beruf und deinen Arbeitsplatz frei wählen zu können. Deshalb ist es verständlich, wenn du mehr erwartest als nur ein gutes Gehalt am Monatsende!
- ✗ *In den Genuss vieler Annehmlichkeiten des Lebens zu kommen.* Das ist ein ganz natürliches Bedürfnis. Ein Sprichwort sagt: Wer Trübsal bläst, wünscht sich Gesellschaft dabei. Aber wer mag schon Trübsal?
- ✗ *Eine enge Beziehung zu Gott.* Dieser Wunsch steht zwar nicht ganz oben auf der Liste, ist aber trotzdem für

viele Jugendliche sehr wichtig. Meiner Meinung nach ist er der Schlüssel zu allem anderen.

- *Die Möglichkeit, in dieser Welt etwas zu bewirken.* Die meisten Menschen streben nach Sinn und Bedeutung. Sie wollen mit ihrem Leben ein Zeichen setzen und Bleibendes hinterlassen. Sie wollen etwas Gutes für andere Menschen tun – so wie du wahrscheinlich auch!

Die besten Dinge des Lebens

Wenn es dir gelingen würde, diese sieben Erwartungen an dein Leben zu verwirklichen, wärst du ein glücklicher Mensch. Du hättest aber auch schon viel erreicht, wenn sie nur auf der Liste deiner Prioritäten ganz oben stehen würden!

Wäre es nicht großartig, wenn sich alle deine Erwartungen erfüllen würden? Doch wenn ich dir jetzt sagen würde, dass es möglich ist, diese Dinge garantiert zu erreichen, dann würdest du vermutlich glauben, dass ich einen schlechten Scherz mache.

Aber wenn ich nun doch die Wahrheit sage? Was, wenn es einen unfehlbaren Plan gibt, der es dir ermöglicht, dein Leben bis zum Maximum zu leben, zu lieben und geliebt zu werden, gute Freunde und eine enge Beziehung zu Gott zu haben, einen erfüllenden Beruf auszuüben, Lebensfreude zu empfinden und im Rahmen deiner Möglichkeiten etwas in der Welt zu verändern? Was, wenn nicht ich dir dieses Versprechen gebe, sondern Gott?

Nimm einmal an, Gott hätte einen Plan, der dir deine sehnlichsten Wünsche erfüllen kann. Wäre das nicht toll? Aber es kommt noch besser: Gott hat tatsächlich einen solchen Plan! Er kennt deine Gegenwart und deine

Zukunft und kann sie verändern. Ich könnte mir vorstellen, dass du gerne dabei sein würdest, wenn das geschieht. Ich will es auf jeden Fall!

Der Tunnel des Lebens

Denk noch einmal zurück an den Eiswagen. Hast du das Bild wieder vor Augen? Dann stell dir jetzt vor, er würde auf dem Gehweg einer belebten Straße stehen, zum Beispiel in Hamburg. Er steht direkt neben einem Zeitungsstand und einer Würstchenbude an der Rolltreppe zum U-Bahn-Eingang. Siehst du ihn vor dir? Du selbst sitzt in einem Auto, stehst mit allen anderen im Stau und wartest darauf, in den Elbtunnel einzufahren, die einzige Straße in Hamburg, die du an diesem Tag brauchst. Du kommst nur zentimeterweise vorwärts, schiebst dich zwischen den anderen Wagen und Taxis hindurch und versuchst, die Busse zu überholen. Du könntest jetzt stundenlang darauf warten, dass der Verkehr nachlässt. Aber wie wäre es, wenn es einen besseren Ausweg gäbe? Wenn jemand dich durch das ganze Straßengewirr genau zu deinem Ziel bringen könnte? Oder wenn du den Tunnel an der Tunneldecke mit 200 Stundenkilometern durchqueren könntest, so wie in einem Sciencefiction-Film?

Deine Zukunft ist wie dieser Tunnel: Sie rückt bedrohlich näher und du kannst ihr nicht ausweichen. Du möchtest das Beste aus der Zeit machen, die dir in deinem Leben zur Verfügung steht. Und du könntest Hilfe gebrauchen, um ohne Kratzer, Beulen und andere Schäden durch sie hindurchzukommen!

Willkommen in Martins Welt

Martin hat gerade sein letztes Jahr in der Oberstufe begonnen. Schon seit seinem achten Lebensjahr steht für ihn fest, dass er später einmal Biologie studieren will. Doch seitdem er in der Schule Biologieunterricht hat, zweifelt er an seinem Entschluss. Es war schon eine ziemlich entmutigende Erfahrung, als es ans Sezieren von Kuhaugen ging und er mit einer Hand das Skalpell führte, während er sich mit der anderen die Nase zuhielt!

Zu allem Überfluss hört Martin auch noch ständig etwas über die schlechten Berufsaussichten für Biologen und die hohen Anforderungen, die man erfüllen muss, wenn man in diesem Beruf erfolgreich sein will. Und nachdem seine Schwester gleich nach ihrer kurzen Ausbildung eine gut bezahlte Stelle in der Computerbranche bekommen hat, fragt er sich ernsthaft, ob sich die vielen Jahre Studium überhaupt lohnen. Dennoch hat sich Martin an einer sehr guten, aber weit entfernten Universität beworben – obwohl es seinen Eltern lieber gewesen wäre, wenn er sich an der christlichen Hochschule eingeschrieben hätte, die nur eine Stunde von ihrem Wohnort entfernt ist. Doch das ist noch nicht alles: Martin hat sich in ein Mädchen verliebt, das eine Klasse unter ihm ist. Wenn er weit entfernt studieren würde, wäre dies wohl das Ende ihrer Beziehung.

Willkommen in Martins Welt – es ist auch deine Welt!

Martin sieht sich mit einer Menge Fragen konfrontiert: Ob und wo er studieren soll, welcher Beruf zu ihm passt, welche seiner Beziehungen mit anderen Menschen Bestand haben werden und welche Bedeutung Glauben und Kirche noch für ihn haben werden, wenn er sein Elternhaus erst einmal verlassen hat. Er ist dabei, sein eigenes Leben, seine Liebe und sein Glück zu finden. Aber er scheint Hilfe zu brauchen, wenn er dabei auch nur eine oder zwei der Erwartungen verwirklichen will, die auf der Sieben-Punkte-Liste zu finden sind.

Vielleicht schlägst du wie Martin gerade eine ganz neue Richtung in deinem Leben ein. Dann ist Gott da, um dir einen Weg aus dem Labyrinth zu weisen. Er kennt deine Vergangenheit, deine Gegenwart und deine Zukunft und kann dir genau sagen, wo es langgeht – besser als jede Straßenkarte. Wäre es nicht toll, wenn du einen Einblick in Gottes Sicht der Dinge hättest? Wenn du wüsstest, was er weiß? Wenn Gott bereit wäre, dir seinen Plan für dein Leben mitzuteilen?

Dann würdest du dich im Leben besser zurechtfinden und alle deine Wünsche und Vorstellungen verwirklichen können.

Wie ich schon sagte: Ich glaube, Gottes Plan wäre ziemlich interessant für dich . . .

Die brennende Frage

In den letzten 30 Jahren habe ich mit christlichen Jugendlichen auf der ganzen Welt gesprochen und eine Frage wurde auf die eine oder andere Art immer wieder gestellt: „Wie sieht Gottes Plan für mein Leben aus?“ Nur wurde sie oft sehr unterschiedlich formuliert: „An welcher Uni soll ich studieren?“, „Möchte Gott, dass ich heirate?“, „Wer ist der richtige Partner oder die richtige Partnerin für mich?“, „Ist das die richtige Ausbildung oder die richtige Arbeitsstelle für mich?“, „Was ist der wirkliche Sinn und Zweck meines Lebens?“

Ganz egal, in welche Worte es gefasst ist, das Anliegen all dieser Fragen ist immer das gleiche: „Kannst du mir sagen, welche Richtung Gott für mich vorgesehen hat?“

Es ist in jedem Alter wichtig, nach dem zu fragen, was in Gottes Augen das Beste ist, aber für einen jungen Menschen ist es besonders entscheidend. In den nächsten zehn Jahren wirst du die Grundlagen für dein Erwachsenenleben legen und vor allem auf folgende drei Fragen Antworten finden müssen:

- ✗ *Wem überlasse ich die Führung?* Wird es Gott sein oder jemand/etwas anderes?
- ✗ *Werde ich heiraten? Und wenn ja, wen?* Werde ich den richtigen Partner finden?
- ✗ *Was werde ich mit meinem Leben anfangen?* Welche berufliche Laufbahn werde ich einschlagen und was ist Gottes Auftrag für mich?

Glaubst du daran, dass Gottes Absichten gut sind?

Wer hilft dir denn nun, damit deine sehnlichsten Wünsche und Träume Wirklichkeit werden? Ich will das Geheimnis nicht länger für mich behalten. Die sieben Punkte, die die Jugendlichen in der Umfrage genannt haben, beschreiben von Gott gegebene Bedürfnisse eines jeden Menschen. Und ich garantiere dir: Gott wird dafür sorgen, dass diese Bedürfnisse befriedigt werden. Er hat einen Plan für dein Leben und er hat versprochen, diesen Plan auch auszuführen. Sieh dir einmal den folgenden Vers an:

Denn ich allein weiß, was ich mit euch vorhabe: Ich, der Herr, werde euch Frieden schenken und euch aus dem Leid befreien. Ich gebe euch wieder Zukunft und Hoffnung. (Jeremia 29,11)

Eine ähnliche Aussage findest du auch an einer anderen Stelle in der Bibel:

Aus seinem Reichtum wird euch Gott, dem ich gehöre, durch Jesus Christus, alles geben, was ihr zum Leben braucht. (Philipper 4,19)

Für den Fall, dass du jetzt immer noch an Gottes Zusage zweifelst, sagt er es ein drittes Mal:

Freue dich über den Herrn; er wird dir alles geben, was du dir von Herzen wünschst. (Psalm 37,4)

Lies diese Verse bitte noch einmal. Sie beschreiben einen Gott, der selbst deine kühnsten Erwartungen übertrifft – einen Gott, dessen Plan nur das Beste für dein Leben sein kann. Er möchte, dass du dein Leben bis zum Maximum lebst, dass du liebst und geliebt wirst, dass du gute Freunde hast, dass du ihn – Gott – kennst und liebst, dass du einen Beruf hast, der dich ausfüllt, dass du Freude am Leben erfährst und, nicht zuletzt, dass du in deinem Umfeld etwas bewirkst und veränderst.

Die Garantie in Anspruch nehmen

Klingt das zu gut, um wahr zu sein? Wenn jemand anderer als Gott dir dieses Versprechen geben würde, hättest du allen Grund, es für verrückt oder übertrieben zu halten. Auch wenn ich so etwas aus eigenem Antrieb behaupten würde, wäre es mehr als zweifelhaft. Aber das ist nicht der Fall.

Gott möchte, dass du alle deine Möglichkeiten ausschöpfst.

Gott möchte, dass du unter seiner Führung glücklich bist.

Gott ist dazu bereit, dir deine sehnlichsten Wünsche zu erfüllen.

Gott hat die Macht, für absolut alles zu sorgen.

Wie aber soll das pasieren? Wenn du das herausfinden möchtest, dann schau dir noch einmal den Anfang von Psalm 37,4 an:

Freue dich über den Herrn – er wird dir alles geben, was du dir von Herzen wünschst.

Du hast dir bestimmt gedacht, dass es bei der Sache einen Haken geben muss. Aber eigentlich ist es gar kein Haken, sondern eher eine Bedingung. *Wenn* du dich über Gott freust, *dann* wird er dafür sorgen, dass deine Herzenswünsche Wirklichkeit werden. Du wirst sehen, dass das eine Bedingung ist, die du sogar *gerne* erfüllst!

Mit Gott leben und glücklich sein

Gott wird dir also deine Wünsche erfüllen, wenn du dich „über ihn freust". Was bedeutet das? Es ist nicht so gemeint, wenn etwa ein Gastgeber zu seinen Gästen sagt: „Ich freue mich darüber, dass Sie heute alle hier erschienen sind."

Wenn du verschiedene Übersetzungen der Bibel heranziehst, wird dir die Bedeutung dieses Verses klarer: *Sei wirklich glücklich mit dem Herrn*, heißt es in einer Übersetzung. *Freue dich darüber und genieße es, dem Herrn zu dienen*, heißt es in einer anderen.

„Sich über Gott freuen" meint also nicht bloß ein vages Gefühl, sondern ein glückliches, zufriedenes Leben in der Geborgenheit und unter der Führung Gottes. Wenn du ihm, dem mächtigen Schöpfer des Universums, dein Leben anvertraust, wird er dir den Weg zeigen, den er für dich ausgewählt hat.

Lass uns doch mal hören, was Sarah dazu zu sagen hat: „Letztes Jahr wollte ich unbedingt die Hauptrolle in einem Theaterstück spielen, das unsere Theater-AG aufgeführt hat. Ich schaffte es aber noch nicht einmal, in die engere Auswahl zu kommen. Die ganze Geschichte war mir so peinlich, dass ich es sogar meiner Mutter verschwiegen habe. Sie hat dann später alles von einer Nachbarin erfahren.

Ich dachte noch ziemlich lange über die ganze Sache nach, bis mir irgendwann klar wurde, dass ich mich ganz schön verrannt hatte. Es war mir nur darum gegangen, auf der Bühne zu stehen und alle Augen auf mich gerichtet zu sehen! Aber ich hatte ja immer noch die Chance, auf Gott zu hören und zu sehen, wie sich die Dinge auf *seine* Art entwickeln würden. Ich probierte deshalb zur Abwechslung aus, wie es ist, anderen zu dienen, und machte bei dem Team mit, das für die Bühne und die Requisiten verantwortlich war. So lernte ich ein paar von den Leuten kennen, die sonst eher im Hintergrund bleiben. Mit einigen von ihnen bin ich bis heute gut befreundet."

Wenn du Gottes Plan für dein Leben erkennst und Schritt für Schritt auch lebst, wird er dir deine Herzenswünsche erfüllen. Seine Wünsche für dich werden zu deinen eigenen werden und du wirst Freude an dem Leben haben, das er für dich vorgesehen hat.

Aber du solltest dir auch im Klaren darüber sein, was das Gegenteil davon bedeutet: In einem Leben ohne Gott werden sich deine Träume mit ziemlicher Sicherheit nicht erfüllen!

Der Gott, der für deine Bedürfnisse sorgt

Stell dir vor, du wärst ein Auto. Nicht irgendein Leihwagen, sondern eines der besten Autos der Welt. Kein Serienmodell, sondern eine Sonderanfertigung von einem genialen Autohersteller. Wer würde wohl alles über dich wissen, wenn du dieses Auto wärst? Wer könnte deine Einzelteile herstellen? Wer könnte deine Funktionsabläufe am besten erklären? Und wer könnte dich Unikat am besten reparieren, wenn du einen Unfall hättest?

Mit Sicherheit derjenige, der dich entwickelt und zusammengesetzt hat. Du bist einzigartiger, als es ein Auto je sein könnte. Du kannst selbstständig denken. Du kannst dich also auch von Gott entfernen und deinen eigenen Weg wählen. Dennoch glaube ich, dass nur Gott deine grundlegendsten Bedürfnisse erfüllen kann. Warum?

- ✗ Die guten Dinge, die du dir für dein Leben erhoffst, sind von Gott in dich hineingelegt. Als seine einzigartige Schöpfung benötigst du auch einzigartige Fürsorge. Nur Gott weiß, was du brauchst, um dich wohl zu fühlen.
- ✗ Die guten Dinge, die du dir für dein Leben erhoffst, kann nur Gott allein dir geben. Das Gefühl von Zugehörigkeit, Geborgenheit, Liebe, Sinnerfüllung und Bedeutung – Gott hat all das erfunden.
- ✗ Die guten Dinge, die du dir für dein Leben erhoffst, sind nur dann für dich erreichbar, wenn du sie auf Gottes Weise zu erlangen versuchst.

Nehmen wir doch mal das Beispiel Liebe und Sex, ein Thema, das wir später in Kapitel drei noch ausführlicher behandeln werden. Gott hat die Liebe geschaffen. Aber wenn Liebe und Sex außerhalb der Grenzen gelebt werden, die er dafür vorgesehen hat, gerät das Ganze außer Kontrolle – genau wie alles andere, was nicht nach dem Willen Gottes getan oder gelebt wird.

Es ist tatsächlich so, dass all das Gute, das wir uns für unser Leben wünschen, nur in der Nähe Gottes möglich ist. Mit einem Sondermodell-Auto würdest du ja auch in der Nähe des Herstellers bleiben, nur für den Fall, dass etwas schief geht! Wenn du dich innerlich kilometerweit von Gott entfernst, wirst du zwangsläufig weniger von seiner Fürsorge spüren.

Nicht für Kinder unter drei Jahren geeignet!

Gott ist mehr als bereit, dir zu geben, was du dir wünschst, aber er gibt dir nur das, was auch gut für dich ist. Als du noch klein warst, bist du vermutlich auch öfter in Spielzeugläden gegangen und warst dann überwältigt von den Barbie-Puppen oder den Power-Ranger-Figuren im Regal. Vielleicht erinnerst du dich daran, dass es einige Kinder gab, die sich mit dem Anschauen der Spielsachen begnügten, und andere, die mit Geschrei und Gestampfe ihren Willen kundtaten.

Denk doch diesbezüglich noch einmal an Gottes Zusage: Wer sich über Gott freuen kann und in ihm Zufriedenheit findet, dem wird er seine Herzenswünsche erfüllen. Aber genau das ist das Problem: Dir und mir gelingt es so gut wie nie, hundertprozentig einverstanden zu sein mit dem, was Gott will und was er tut. Seine Einschätzung der Lage stimmt oft nicht mit unserer überein und was er will, deckt sich nicht notwendigerweise mit dem, was wir selbst für das Beste halten.

Es gibt Zeiten, da benehmen wir uns wie Dreijährige, die ein Spielzeug haben wollen, das sie überhaupt nicht gebrauchen können. Wir wollen Spielzeug, für das wir noch viel zu jung sind oder mit dem wir uns verletzen können. Und wenn wir es nicht bekommen, kriegen wir einen Wutanfall und stampfen gehörig mit dem Fuß auf!

Aber wir sind keine Krabbelkinder mehr. Gott weiß besser, was gut für uns ist, und deshalb wird er unserem Jammern oder unserer Wut nicht nachgeben. Für Gott ist es enorm wichtig, uns Gutes zu tun, dass er sich nicht damit begnügt, uns das Zweitbeste zu geben, nur weil wir darum betteln. Er kennt unsere wirklichen Bedürfnisse und beachtet darum nicht unsere vielen „Ich will aber, ich will aber".

Melissa zum Beispiel ist alt genug, um in Discos zu gehen und Alkohol zu trinken. Deshalb muss sie von jetzt an immer wieder neu entscheiden, was sie ihrem Körper antut und ob sie sinnvoll – oder sinnlos – ihre Zeit verbringt. Als sie das letzte Mal Besuch von ihrer jüngeren Schwester bekam, die ihr auch noch zum Verwechseln ähnlich sieht, war sie ganz außer sich. „Bete dafür, dass ich meinen alten gefälschten Ausweis finde, damit wir zusammen in die Disco gehen können", bat sie eine Freundin.

Solche Gebete wird Gott wohl eher nicht beantworten! „Gott, hilf mir, meinen gefälschten Ausweis zu finden, damit sich meine Schwester in die Disco schummeln kann, um sich dort einen anzutrinken", das ist kein Wunsch, den Gott erfüllen möchte. Er wird dich nicht auf einem Lebensweg begleiten, der mit ziemlicher Sicherheit in einem Desaster enden wird.

Eine andere Art von Lebensfreude

Wenn es dir ernst damit ist, deine Erwartungen an dein Leben zu verwirklichen, landest du ganz sicher nicht in einer Sackgasse, wenn du in der Nähe Gottes bleibst und ihn immer besser kennen lernst. Denn er liebt dich, er kennt dich und er will nichts lieber, als dich voll und ganz glücklich und zufrieden zu sehen. Gott will dich nicht frustrieren, wenn er deine unklugen Bitten nicht beantwortet – oder findest du es etwa auch frustrierend, dass an steilen Bergstraßen Leitplanken angebracht sind, die dich in der Spur halten?

Es ist nicht unbedingt so, dass Gott den Erfolg, nach dem alle in unserer Gesellschaft streben, nur ganz sparsam verteilt. Aber er sieht die Dinge aus der Perspektive der Ewigkeit und weiß, dass die besten Dinge des Lebens nun mal nicht die großen Häuser, schnellen Autos, Spitzengehälter und Chefsessel sind. Auch wenn du nicht zu den Cleversten gehörst, kannst du später einen wichtigen Platz einnehmen, weil du weißt, dass du in Gottes Augen wertvoll bist. Auch wenn du weit weniger Geld hast, als du es dir wünschst, kannst du zufrieden leben, wenn du zulässt, dass Gott für deine Bedürfnisse sorgt.

Wirst du immer genau das bekommen, was du erwartest? Sicher nicht. Wirst du dauernd nur Schwierigkeiten haben? Sicher auch nicht. Gott wird dir die Wünsche, die dich von ihm wegtreiben und dir Schaden zufügen, nicht erfüllen. Aber er wird dir das geben, wonach du dich im tiefsten Grunde deines Herzens sehnst. Wenn du Vertrauen und Geduld hast, werden Bestätigung und Zufriedenheit auf dich warten – und hinter jeder Ecke ein paar Überraschungen! Das ist Gottes Art der Lebensfreude, und es ist die beste, die es gibt.

Gott an erster Stelle

Die Bibel sagt: Alles, was gut ist, kommt von Gott.

Alles, was gut und vollkommen ist, kommt von Gott, dem Vater des Lichts. Er ist unwandelbar; niemals wechseln bei ihm Licht und Finsternis, Gutes und Böses. (Jakobus 1,17)

Du und Tausende anderer Jugendlicher haben die Liste mit den sieben wichtigsten Dingen des Lebens zusammengestellt. Wenn du nun Gott wärst, wem würdest du all diese Segnungen wohl *nicht* so ohne weiteres zukommen lassen? Ich will ehrlich sein: Gott ist bestimmt nicht denjenigen in deiner Klasse am nächsten, die immer die Nummer eins sein wollen. Er hilft nicht den Rücksichtslosen, die andere als Treppenstufen auf dem Weg nach oben benutzen. Und er wird dir auch keine seiner unvergesslichen Eiswaffeln überreichen, wenn du zu denjenigen gehörst, die zuerst an sich selbst und nicht an andere denken.

Aber Gott zögert auch nicht, diejenigen mit seiner Güte zu überschütten, die ihn kennen und ihm von ganzem Herzen nachfolgen wollen:

Der Herr steht allen bei, die allein ihm vertrauen. Auf der ganzen Welt sucht er nach solchen Menschen. (2. Chronik 16,9)

Wenn du dich an ihm freust, wird er dir deine Herzenswünsche erfüllen. Dann wird er dir geben, was das denkbar Beste für dein Leben ist.

Es ist so, als würde Gott sagen: „Wenn du dich dazu entschließt, mich an die erste Stelle zu setzen, dann garantiere ich dir, dass du finden wirst, was du suchst – und noch viel mehr.“

Kapitel 2

Ich möchte mein Leben bis zum Maximum leben

„Meine Eltern wissen ganz genau, dass ich mir von ihnen nichts mehr sagen lasse", grinst Britta. „Aber ich kann diese Blicke nicht ausstehen, die sie mir manchmal zuwerfen. Das Schlimmste ist, wenn mein Vater davon anfängt, wo denn bloß sein kleines Mädchen geblieben ist, das ihm vertraut und ihn bewundert hat. Meistens schreie ich dann los: ‚Ich bin kein kleines Mädchen mehr!', aber ein Teil von mir weiß, dass er eigentlich Recht hat. Es gibt Tage, da kann ich fast wieder glauben, dass meine Eltern nur das Beste für mich wollen. Dennoch möchte ich lieber selbst entscheiden, was ich will und was nicht. Ich will nicht zurück und ich kann es auch nicht, aber so ganz bin ich mir über meine Zukunft auch nicht im Klaren."

Hier ist noch so manches unklar

Wenn du so ähnlich denkst wie Britta, dann bist du ein ganz normaler Teenager. In vielen Dingen hast du sogar Recht: Die Zeit, in der du noch ein kleines Mädchen oder ein kleiner Junge warst, ist endgültig vorbei. Deine Eltern können und wollen auch nicht ewig über dein Leben bestimmen. Du bist jetzt zwar kein Kind mehr, aber deshalb kann es dir trotzdem schwer fallen, deinen eigenen Weg zu finden. Vielleicht denkst du, dass alles, was dir fehlt, um deine Träume zu verwirklichen, nur ein wenig mehr Freiheit ist. Aber wäre es denn wirklich der Schlüssel zur Erfüllung deiner Träume, wenn du plötzlich von allen Einschränkungen befreit wärst, die deine Eltern dir auferlegen?

Zurzeit ist es für Britta unerträglich, wenn ihr jemand Vorschriften macht. Sie lehnt es ab, ständig die Erwartungen ihrer Eltern zu erfüllen und möchte selbst bestimmen, was sie wann und mit wem tut. Vielleicht ist das genau der Zustand, den du dir ebenfalls unter „Glück" vorstellst. Aber es gibt noch andere Wege, um dein Maximum zu erreichen. Auch Britta hat den Verdacht, dass da noch mehr ist.

Denk mal über Folgendes nach: So lange ein Fisch da ist, wo er hingehört, nämlich im Wasser, wird er sich wohl fühlen. Sollte ihm aber plötzlich einfallen, auf dem Festland leben zu wollen, wird er mit Sicherheit zu einem ziemlich unglücklichen Fisch werden. Ich kann das sogar beweisen, denn ich habe eine Freundin, die in ihrer Wohnung ein riesiges Aquarium hat. Sie hat unter anderem einige große Skalare, deren Silberhaut wunderschön schimmert. Eines Tages gelang es einem ihrer Skalare, aus dem Becken zu entkommen. Was glaubst du, wie weit er kam? Ganze drei Meter. Nicht schlecht für einen Fisch außerhalb des Wassers, aber ich wette, er fand es ziemlich schade, dass der Spaß dann so schnell vorüber war!

In Freiheit zu leben heißt, dass du deine von Gott gegebenen Fähigkeiten kennst und sie nutzt. Das bedeutet, dass du nach und nach herausfindest, mit welchen Gaben Gott dich ausgestattet hat und wie du diese Gaben am besten für ihn einsetzen kannst. Ein Fisch mag zwar denken: „Ich brauche unbedingt mehr Freiheit. Ich muss an der frischen Luft leben." Aber er hat nun mal keine Lungen, deshalb sollte er besser auf diesen Wunsch verzichten.

Herzenswünsche

Wenn du nicht wie ein Fisch auf dem Trockenen enden willst, solltest du dich um Weisheit bemühen, was deine Lebensplanung angeht. Diese Weisheit kann allein von Gott kommen – denn schließlich will er nur das Beste für dich!

Dieses Buch soll dir dabei helfen, den Willen Gottes für alle Bereiche deines Lebens zu erkennen. Aber bevor wir darüber sprechen, solltest du dich noch einmal daran erinnern, was du eigentlich willst. Welche Art von „glücklichem Leben" ist dein Ziel? Schauen wir uns noch einmal die Liste aus dem ersten Kapitel an:

- ✗ Du willst lieben und geliebt werden. Es ist ein normales menschliches Bedürfnis, *sich geliebt zu fühlen.*
- ✗ Du möchtest von guten Freunden umgeben sein und dich *aufgehoben fühlen.*
- ✗ Du möchtest *Gott möglichst nahe sein* und eine enge Beziehung zu ihm haben.
- ✗ Du willst einen Beruf ausüben, der dich ausfüllt und *deinem Leben Sinn gibt.*
- ✗ Du möchtest die angenehmen Seiten des Lebens genießen und *Zeit für Entspannung haben.*
- ✗ Du möchtest mit deinem Leben etwas bewirken und *Spuren hinterlassen.*

Und das Thema dieses Kapitels:

- ✗ Du willst dein Leben bis zum Maximum leben.

In diesem Punkt steckt die Summe mehrerer Grundbedürfnisse: *Tüchtigkeit* und *Einzigartigkeit* verbunden mit der Fähigkeit zu *Selbstdisziplin* und einem Gespür für *Sicherheit.* Er schließt in gewisser Hinsicht alle anderen Wünsche und Vorstellungen mit ein und formuliert eine bestimmte Lebenseinstellung, die besagt, dass es notwendig ist, im Leben Risiken einzugehen. Diese Einstellung ist eine wertvolle Voraussetzung, damit du in deinem Leben gut zurechtkommst.

Maximale Erwartungen

Die große Frage an dich ist: Wie eilig hast du es damit, die Erwartungen an dein Leben tatsächlich zu verwirklichen?

Bist du bereit, etwas auf dich zu nehmen, um maximal zu leben?

Bei den *X-GAMES,* der Olympiade für Extremsportarten, sind die Teilnehmer zu vielem bereit: Sie fahren Mountainbike-Rennen im Winter, vollführen tollkühne Sprünge mit ihren speziell dafür hergestellten Skyboards aus einem Flugzeug und fahren Rennen mit ihren Skateboards, so genannte Streetluges, bei denen es zu Geschwindigkeiten von 120 km/h kommen kann. Das Ungewöhnlichste unter diesen dreien ist sicher das Skysurfen – wobei die ersten paar tausend Meter ohne Fallschirm zurückgelegt werden! Die Ausbildung eines Skysurfers ist sehr aufwändig und teuer. Ist man erst einmal in einem Profiteam, muss man rund 500 Sprünge pro Jahr absolvieren. Allerdings dauert ein Sprung nur eine Minute, sodass jeder Springer nur etwa acht Stunden pro Jahr wirklich in der Luft ist.

Sind Skysurfer also völlig verrückt? Vielleicht.

Sind sie in ihrem Gebiet gut ausgebildet? Mit Sicherheit.

Sind Sie überzeugt von dem, was Sie tun? Absolut.

Skysurfer haben zwei Geheimnisse, mit denen sie erreichen, was sie wollen. Erstens sind sie wild entschlossen, Außergewöhnliches zu erleben. Zweitens lernen sie, an ihre Sache umsichtig und professionell heranzugehen, damit sie das Beste für sich herausholen können.

Doch es gibt auch Grenzen für ihre Verrücktheit. Alle Skysurfer benutzen Fallschirme und sie legen besonderen Wert auf gute Flugzeuge und fähige Piloten. Sicherheit ist ihnen wichtiger als waghalsige Kunststücke, denn sie wissen, dass zum Beispiel untrainierte Muskeln im Nu schwere Verletzungen nach sich ziehen können.

Du siehst also: Extremsportler haben erkannt, wie wichtig die Einhaltung bestimmter Regeln ist. Die Nichtbeachtung dieser Regeln kann zu Knochenbrüchen führen – oder zu noch Schlimmerem!

Das Gleiche gilt für das Leben an sich. Nur wenn du Gottes „Gebrauchsanweisung“ folgst, wirst du das Beste für dein Leben herausholen können.

Cool, schnell und zu allem bereit

Was auch immer du mit deinem Leben anfängst, alle deine Anstrengungen werden vergebens sein, wenn du versuchst, gute Dinge auf die falsche Art und Weise zu erreichen.

Einmal habe ich mitbekommen, wie sich zwei Freundinnen unterhalten haben. „Ich weiß, wie man ganz nach oben kommt“, sagt die eine zur anderen. „Du musst nur cool, zu allem bereit und vor allem schnell sein, das habe ich begriffen!“

Diese beiden erwarten vom Leben vermutlich nicht mehr und nicht weniger als du auch. Und wenn sie cool, zu allem bereit und schnell sind, gelangen sie damit genauso wenig ganz nach oben wie man auch mithilfe eines kaputten Aufzugs kein Stückchen weiter in Richtung oberste Etage gelangt.

Du denkst vielleicht, dass du auf diese Weise schneller zu den Top 100 gehörst. Steig ein und du wirst sehen, dass du bereits über dem Abgrund hängst. Drück auf den Knopf für die oberste Etage und das Seil reißt. Die Tür schließt sich und es geht in einem rasanten Tempo in den Keller.

Diese Fahrt könnte zu einem neuen Extremsport werden – der „Fahrstuhl-Talfahrt". Und du endest wie die Menschen ohne Gott in Psalm 37.

Möchtest du die Fahrstuhl-Talfahrt umgehen?

Christen, die herausgefunden haben, welchen Plan Gott für ihr Leben hat, haben zwei Geheimnisse. Erstens haben sie ein unstillbares Verlangen danach, von Gott zu erfahren, was das Beste für ihr Leben ist. Zweitens suchen und finden sie mit Weisheit Wege, um ihre Wünsche zu erfüllen und ihre Ziele zu erreichen.

Willst du die Talfahrt mit dem Fahrstuhl umgehen? Dann folge Gottes Plan. Als Kind Gottes hast du seine bedingungslose Liebe und die besten Chancen, seine zahlreichen und oft überraschenden Segnungen zu erleben. Jesus ist am Kreuz für dich gestorben und deshalb kannst du sicher sein, dass dir vergeben wurde und du ohne Schuld vor Gott stehst. Wenn du Jesus als deinen Retter angenommen hast, dann gibt es nichts, das du tun kannst, damit Gott dich *noch mehr* liebt – er wird schon jetzt alles daran setzen, seinen guten Plan in deinem Leben zu verwirklichen!

Manchmal ist es schwer zu glauben, dass Gott den Überblick behält und dafür sorgt, dass *seine* Leute gewinnen und die Bösen verlieren. Aber Gott ist uns immer mehrere Schritte voraus. Er weiß schon längst, dass wir Menschen dazu neigen, finstere Pläne zu schmieden, um unsere selbstsüchtigen Ziele zu erreichen. Erinnerst du dich noch an den Schlüsselvers aus dem ersten Kapitel?

Freue dich über den Herrn; er wird dir alles geben, was du dir von Herzen wünschst. (Psalm 37,4)

Dieser Vers ist umgeben von anderen Aussagen, die zeigen, dass Gott unsere Situation kennt. Er weiß, wie schwierig es ist, in dieser Welt nach seinem Willen zu leben! Aber er sagt:

Entrüste dich nicht über die Unheilstifter und beneide nicht die Menschen, die Böses tun! (Psalm 37,1)

Wer Böses tut, den wird Gott ausrotten. Wer jedoch dem Herrn vertraut, der wird das Land besitzen. (Psalm 37,9)

Der Herr aber lacht über sie, weil er weiß: der Tag der Abrechnung kommt. (Psalm 37,13)

Und:

Wenn ein Mensch seinen Weg zielstrebig gehen kann, verdankt er das dem Herrn, der ihn liebt. (Psalm 37,23)

Du solltest am besten den ganzen Psalm 37 lesen, um festzustellen, wie es den Leuten ergeht, die nicht in Gottes Nähe bleiben.

Denkst du immer noch, dass es besser ist, deine eigenen Pläne zu verfolgen, damit du bekommst, was du willst? Willst du es wirklich auf eigene Faust versuchen? Nicht unbedingt, oder? Ich auch nicht. Aber um es auf Gottes Art und Weise zu schaffen, müssen wir tatsächlich glauben, dass Gottes Weg der beste ist.

Ich möchte deine Gedanken in eine Richtung lenken, die vielleicht ganz neu für dich ist: Das abenteuerlichste, spannendste Leben, das du dir vorstellen kannst, beginnt genau da, wo du anfängst, dich auf Gott einzulassen! Ich weiß natürlich nicht, welche Abenteuer sich Gott für dich ausdenkt, aber er hat dir ein Versprechen gegeben. Lies es noch einmal:

Denn ich allein weiß, was ich mit euch vorhabe: Ich, der Herr, werde euch Frieden schenken und euch aus dem Leid befreien. Ich gebe euch wieder Zukunft und Hoffnung. (Jeremia 29,11)

Du kannst eigene Pläne schmieden – oder Gottes Pläne kennen lernen. Du kannst dir eigene Grenzen setzen – oder so klug sein und dich innerhalb der Grenzen bewegen, die Gott dir gegeben hat. Du kannst dich auf deinen Verstand und deinen Einfallsreichtum verlassen, um deinen Lebensweg zu planen – oder du kannst Gott einbeziehen, der dein Lebenskonzept nach und nach vor dir ausbreitet.

Warum es sich lohnt, Gott zu vertrauen

Niemand von uns würde viel über Gottes Pläne wissen wollen, wenn nichts Gutes dabei herauskäme. Aber die Bibel ist voll von überzeugenden Aussagen über Gottes Vertrauenswürdigkeit. Hier einige der besten Beispiele:

Gott spielt keine Spielchen mit dir. Wissenschaftler wissen, dass Brieftauben unter anderem deshalb wieder nach Hause finden, weil sie sich nach den Magnetfeldern der Erde richten. Wie haben sie das herausgefunden? Ganz einfach: Sie befestigten eine magnetische Spule am Kopf einer Taube. Dadurch war das Tier derart verwirrt, dass es sich verflog und den Rückweg nicht mehr fand.
Aber Gott spielt keine Spielchen mit dir. Denk an sein Versprechen: *Denn ich allein weiß, was ich mit euch vorhabe: Ich, der Herr, werde euch Frieden schenken und euch aus dem Leid befreien. Ich gebe euch wieder Zukunft und Hoffnung* (Jeremia 29,11).

Gott kennt dich am besten. Vielleicht haben deine Eltern noch ein kleines, unscharfes Foto von dir, das während einer Ultraschall-Untersuchung gemacht wurde und zeigt, wie du im Mutterleib ausgesehen hast. Gott hatte schon damals eine vollkommen klare Vorstellung davon, wer und wie du sein würdest. Er hat dich im Mutterleib gebildet (Psalm 139,15). Seine Pläne für dich lagen schon sonnenklar vor ihm, bevor du überhaupt auf der Welt warst! Er hat dich geschaffen und er kennt dich in- und auswendig.

Gott möchte, dass du zur Ruhe kommst. Jesus sagt: *Kommt alle her zu mir, die ihr euch abmüht und unter eurer Last leidet! Ich werde euch Frieden geben* (Matthäus 11,28). David sagt: *Der Herr ist mein Hirte. Nichts wird mir fehlen. Er weidet mich auf saftigen Wiesen und führt mich zu frischen Quellen. Er gibt mir neue Kraft. Er leitet mich auf sicheren Wegen, weil er der gute Hirte ist* (Psalm 23,1-3). Gott hat einen unerschöpflichen Vorrat an Frieden, den er mit uns teilen will.

Gott liebt dich. Jesus Christus ist das beste Beispiel für die Liebe Gottes. Im Römerbrief findest du eine bemerkenswerte Aussage über Gottes Haltung uns gegenüber: *Gott, der für uns seinen eigenen Sohn geopfert hat, sollte er uns noch etwas vor-*

enthalten (Römer 8,32)? Gott hat seinen Sohn nicht verschont, sondern er hat ihn geopfert, damit wir gerettet werden können. Deshalb bin ich überzeugt davon, dass seine Liebe zu uns nicht größer sein könnte!

Gott möchte, dass du seinen Plan für dein Leben erkennst. Hattest du jemals einen Lehrer, der dir eine umfangreiche Hausaufgabe mit einem Minimum an Erklärungen gab? Der dann auch noch schlechte Noten an alle verteilte, die es nicht richtig begriffen hatten? So ist Gott ganz sicher nicht. Er will nichts lieber, als sich dir mitzuteilen: *Ich will dich lehren und dir sagen, wie du leben sollst; ich berate dich, nie verliere ich dich aus den Augen (Psalm 32,8).*

Wo ein Wille ist, ist auch ein Weg

Die Voraussetzungen für ein Leben mit Gott sind Vertrauen und Gehorsam. Wenn du Gott vertraust und seine Fürsorge als ein Geschenk betrachtest, wirst du es spannend finden, seine Pläne für dein Leben kennen zu lernen. Wie war doch der Vers in Psalm 32? Gott hat einen Weg für dich vorgesehen und er hat auch Wegweiser bereitgestellt. Aber er hat noch viel, viel mehr für dich vorbereitet. Seine Pläne für dich sind so detailliert, dass er sie als sein „Testament“ bezeichnet.

Du weißt sicher, was es mit einem Testament auf sich hat: Eine Person legt darin bis ins Detail fest, was nach ihrem Tod zu geschehen hat. Es ist eine einmalige Gelegenheit, Leute zu verpflichten, exakt das zu tun, was du willst. Nur schade, dass du dann tot bist und nichts mehr davon hast!

Gottes „letzter Wille“ befasst sich mit jedem Detail, das dein Leben betrifft. Sein Testament ist der unfehlbare

Plan, über den wir schon die ganze Zeit gesprochen haben – der Weg, den er in seiner Weisheit für dich ausgewählt hat.

Gottes „Testament" besteht aus zwei Teilen: Der erste Teil befasst sich damit, was Gott für dich tun wird. Gott gibt dir ein Versprechen, das er unter allen Umständen einhalten wird. Der zweite Teil beschäftigt sich damit, was du für Gott tun wirst. Und dieses Buch soll dir dabei helfen herauszufinden, was Gottes Wille für dein Leben ist. Wenn dir das gelingt, dann hast du in deinem Leben das Beste erreicht!

Müssen diesbezüglich Hausaufgaben gemacht werden?

Es gibt zwei große Bereiche, in denen Gott seinen Willen deutlich macht. Er hat einen allgemeinen Plan für alle Gläubigen, aber er hat auch einen ganz speziellen Plan für jeden Einzelnen. Der erste Plan ist so etwas wie ein universeller Plan für die Welt, den zweiten Plan könnte man als persönlichen Lebensplan bezeichnen.

Mit diesen zwei Bereichen ist es wie bei einer Schulaufgabe, die ein guter Lehrer aufgibt: Er wird zuerst die Teile des Projektes erklären, die für alle gelten. Diese allgemeine Erklärung spart eine Menge Zeit, denn so weiß jeder, was von ihm erwartet wird. Aber damit ist es noch nicht getan. Ein guter Lehrer wird danach jedem Schüler einzeln erklären, was seine spezielle Aufgabe ist und dabei dessen Fähigkeiten und Interessen berücksichtigen. Damit hebt er die allgemeinen Erklärungen nicht auf, sondern er passt sie nur an die Bedürfnisse des Einzelnen an.

Gott hat uns klar und deutlich gesagt, an welchen Richtlinien wir uns orientieren sollen. Wenn Leute fragen:

„Wie sieht Gottes Plan für mich aus?“ oder „Wie kann ich seinen Willen erkennen?“ oder „Was würde Jesus tun?“, dann übersehen sie oft, dass Gott uns seine Hauptanliegen schon längst mitgeteilt hat. Wir brauchen darüber nicht zu rätseln, denn in den Geboten der Bibel formuliert er seinen Willen sehr deutlich.

Du weißt sicher, wovon ich rede. Die Bibel ist voll von Aussagen, die eine klare, deutliche Leitlinie für unser Leben vorgeben, wie zum Beispiel du sollst nicht lügen oder du sollst nicht stehlen. Oder, wie Jesus sagt: Du sollst Gott von ganzem Herzen lieben und du sollst deinen Nächsten lieben wie dich selbst.

Du wirst später noch sehen, dass es nutzlos ist, nach dem persönlichen Plan für dein Leben zu fragen, wenn du dabei Gottes allgemeinen Plan für die Welt außer Acht lässt. Er wird keine speziellen Botschaften für dich haben, wenn du dich nicht nach dem richtest, was du ohnehin schon weißt. In der Bibel hat Gott eindeutig niedergelegt, was aus seiner Sicht das Beste für uns Menschen ist. Deshalb müssen wir ihn in dieser Sache nicht mehr um Einsicht oder um Rat bitten und deshalb gibt es auch keine „mildernden Umstände“, die uns vor den Folgen bewahren, wenn wir seine Gebote missachten.

Ist so weit alles klar?

Fast jedes Mal, wenn ich irgendwo spreche, kommt irgendwann die Frage: „Josh, ich bin mir nicht ganz im Klaren darüber, was Gott in diesem oder jenem Bereich mit mir vorhat. Was soll ich tun?“ Wenn du dir nicht sicher bist, was Gott von dir will, hast du ein Problem. Es ist, als würdest du hilflos im Meer treiben, ohne dass das rettende Ufer in Sicht ist. Du gerätst langsam in Panik, tauchst noch ein- oder zweimal auf, um Luft zu holen und gehst schließlich unter. Aber wenn du dich in Bezug auf Gott so fühlst, bist du eigentlich schon auf dem besten Weg, um Hilfe zu bekommen! Und weshalb?

Ganz einfach: Wenn dich eine Frage wie diese in Unruhe versetzt, dann liegt dir wirklich etwas daran, Gottes Plan kennen zu lernen. Doch meist ist das Wissen um Gottes Plan gar nicht das eigentliche Problem. Was uns Schwierigkeiten bereitet ist vielmehr die Tatsache, dass wir nicht völlig davon überzeugt sind, dass Gott nur das Beste für uns will. Wir hinterfragen seine Absichten und sind uns ganz und gar nicht sicher, ob wir wirklich glücklich werden, wenn wir seinem Plan folgen. Gottes Wille ist für uns nicht immer leicht zu verstehen, weshalb wir uns dann oft nicht weiter darum kümmern. Manchmal finden wir es auch enorm schwierig, genau festzustellen, was Gott eigentlich von uns will – oder wir haben so große Angst vor den Folgen dieses Wissens, dass wir uns lieber gar nicht erst darauf einlassen.

Wir haben schon gelesen, dass Gott Wert darauf legt, dass du seinen Plan kennst. Vielleicht zweifelst du aber gerade an deiner Fähigkeit herauszufinden, was Gottes Plan für dein Leben ist. Dann sollen dir die folgenden Seiten helfen, seinen Willen in einigen wichtigen Lebensbereichen zu erkennen.

Sei kein Sturkopf!

In vielen, vielen Beratungsgesprächen habe ich immer wieder ein Grundproblem entdeckt, das den Willen Gottes unklar erscheinen lässt. Wir wissen nicht, was Gott mit uns vorhat und wir versäumen das Gute, das er uns geben möchte, weil wir nicht bereit sind zu tun, was er will. Der

Grund dafür, dass so viele von uns in einem Meer der Ungewissheit versinken, ist unsere mangelnde Bereitschaft, uns Gott unterzuordnen.

Dieser Widerwille ist für Gott nichts Neues. Gleich nachdem er versprochen hat: *Ich will dich lehren und dir sagen, wie du leben sollst; ich berate dich, nie verliere ich dich aus den Augen* (Psalm 32,8), warnt er: *Sei nicht wie ein Pferd oder ein Maultier ohne Verstand! Wenn sie wild ausschlagen, musst du sie mit Zaum und Zügel bändigen, sonst folgen sie dir nicht!* (Psalm 32,9)

Dein Verstand sagt dir, du willst das, was Gott für dich vorgesehen hat, nicht ablehnen. Aber was sagt dir dein Herz? Deine Haltung Gott gegenüber kann sich auf ganz unterschiedliche Weise ausdrücken. Vielleicht findest du dich in einer der folgenden Aussagen wieder:

Eigentlich will ich von Gottes Willen nichts wissen, denn ich habe Angst davor. Die Angst vor dem, was Gott mit dir vorhaben könnte, ist überwältigend. Sie ist sogar schlimmer als die Furcht vor dem nächsten Weihnachtsgeschenk deiner Tante (die dir sicher wieder einen hässlichen Pullover zukommen lassen wird), denn sie beeinflusst alle deine Lebensbereiche negativ. Du fürchtest, dass Gott darauf aus ist, dir nicht nur diesen Tag zu verderben, sondern alle Tage.

Einen Teil von Gottes Plan finde ich in Ordnung, den Rest werde ich ignorieren. Aus Gottes Plan für dein Leben suchst du dir das heraus, was dir am besten gefällt. Du behältst dir das Recht vor, auszuwählen wie an einem kalten Buffet. Gottes Plan willst du nur dann folgen, wenn es dir Spaß macht oder viel versprechend erscheint. Was wehtun könnte oder was mit Anstrengung und Disziplin verbunden ist, lässt du lieber sein.

Ich möchte Gottes Willen erkennen und dann entscheiden, ob ich mich danach richte. Das klingt, als wärst du für Gottes Plan offen – aber nur so lange, bis du alle deine Möglichkeiten kennst. Das ist so ähnlich, als würdest du einem Freund nur so lange die Treue halten, bis jemand Besserer daherkommt. Wenn du diese Einstellung teilst, dann heißt das, dass du gerne alles unter Kontrolle haben möchtest. Das Problem? Gott hat einen viel detaillierteren Überblick als wir und deshalb sollte *er* alles unter Kontrolle haben!

Ab und an kann ich Gottes Hilfe schon brauchen, aber im Großen und Ganzen komme ich ganz gut alleine zurecht. Hast du schon mal auf der Rückbank eines Autos gesessen und bist im Kreis gefahren, weil deine Eltern nicht nach dem richtigen Weg fragen wollten? So ähnlich ist diese Haltung. Du willst durch Erfahrung klug werden. Außerdem fällt es dir schwer, um Hilfe zu bitten. Aber damit bringst du dich um die Gelegenheit, Gottes Führung zu erleben.

Ich bin bereit, Gottes Willen unter allen Umständen zu tun. Mit dieser Haltung bist du bereit, Gottes Führung anzunehmen, auch wenn noch nicht klar ist, wohin es überhaupt geht. Du hast Vertrauen in Gottes Wesen und in seine Wegweisung und gehst, wohin er dich führt. Das ist genau die richtige Einstellung, um Gottes Willen zu erfahren – das Beste, was Gott zu bieten hat!

Kannst du erkennen, warum diese letzte Haltung gegenüber Gottes Plan diejenige ist, die zum Erfolg führen wird? Jemand, der sich nicht sicher ist, ob er Gottes Führung folgen will, ist wie ein Autofahrer, der gleichzeitig Gas gibt und bremst. Mit einem Fuß gibt er Gas: „Herr, was ist der Plan für mein Leben?" Mit dem anderen Fuß bremst er: „Ich bin nicht sicher, ob ich *den* Teil deines Plans tatsächlich will." Es wird schwierig werden, dem Plan Gottes zu folgen, wenn du dir nicht sicher bist, *dass* du es willst.

Aber lass dir eines gesagt sein: Merkwürdigerweise erfüllen sich unsere Wünsche manchmal gerade dann, wenn wir bereit sind, auf sie zu verzichten und sie an Gott abzugeben. Steht er an erster Stelle, so wird alles andere zweitrangig – aber das bedeutet trotzdem nicht, dass er unsere Wünsche vergisst!

Nimm, was du kriegen kannst?

Du hast vielleicht schon erkannt, dass viele Leute meinen, nur der Gebrauch der Ellenbogen führe zum gewünschten Erfolg. Deshalb handeln sie nach dem Motto „Nimm, was du kriegen kannst" oder „Beweise, dass du der Größte bist, dann hat deine Umgebung Respekt vor dir". Aber Gott gibt eher denen, die sich nicht immer selbst bedienen.

Möchtest du dein Leben bis zum Maximum leben? Dann achte Gottes Willen höher als deinen eigenen und versuche nicht, dein Leben selbst in die Hand zu nehmen. Gott sagt: „Du musst mir vertrauen. Ich habe Gutes mit dir im Sinn. Was ich dir geben will, ist besser als alles, was du dir erträumst." Bist du bereit, nachzugeben und Gott zu vertrauen?

Vielleicht weißt du jetzt, dass Gott einen Plan für dich hat, dem du auch folgen willst. Aber wie kannst du herausfinden, was genau für ein Plan das ist? Lass es uns gemeinsam versuchen.

Kapitel 3

Ich möchte lieben und geliebt werden

Kevin und Sarah sind seit drei Monaten miteinander befreundet. Sarah ist überglücklich, denn Kevin ist einfach unglaublich süß! Jeden Sonntag geht er mit zum Gottesdienst und sie sitzen zusammen in der ersten oder zweiten Reihe. Sarahs Eltern sind zwar nicht gerade begeistert von der Freundschaft, aber das wird sich schon noch geben, hofft Sarah. Sie ist ein paar Mal zu spät nach Hause gekommen, aber das war nicht seine Schuld, denn sie hatten im Gespräch miteinander einfach die Zeit vergessen.

Dennoch gibt es ein paar kleinere Probleme. Sobald Sarah mit Kevin über Gottes Willen für ihr Leben reden will, weicht er ihr aus. Er findet, dass die Bibel zum Thema Beziehungen nicht viel zu sagen hat. Auch kann er nicht nachvollziehen, warum ihr der Wille Gottes für ihr Leben so wichtig ist und warum sie – meistens jedenfalls – über die Ratschläge nachdenkt, die ihre Eltern ihr geben.

Ein anderes Problem ist, dass die meisten von Sarahs Freunden aus der Gemeinde für Kevin nicht viel übrig haben. Sie können nicht verstehen, warum Sarah mit ihm befreundet ist. Allein schon um ihretwillen fände Sarah es toll, wenn Gott eine deutliche Botschaft vom Himmel senden würde, die ihre Beziehung zu Kevin bestätigt.

Lerne Gottes ganz speziellen Plan für dein Leben kennen

Vielleicht sitzt du jetzt da und sagst: „Josh, ich habe wirklich andere Probleme. Ich muss meine Eltern noch überreden, dass sie mir am Wochenende das Auto leihen. Und du kennst meine Eltern nicht! Ich habe Dutzende von Entscheidungen zu treffen, bei denen ich dringend Hilfe brauche. Ja, ja, vielleicht auch bei der Entscheidung, mit wem ich befreundet bin und wen ich mal heiraten soll. Aber zuerst muss ich mich für einen Beruf oder ein Studium entscheiden. Soll ich hier bleiben oder es in einer anderen Stadt versuchen? Wo finde ich einen Nebenjob? Und dabei sind wir noch nicht mal bei all den kleinen Entscheidungen angekommen, die ich allein in dieser Woche fällen muss! Gottes Wille für Sarahs Leben interessiert mich da nicht besonders. Außerdem sieht ja wohl ein Blinder, dass Kevin nicht der Richtige für sie ist! Ich muss nicht Gottes Plan für das ganze Universum kennen. Mir genügt es völlig, wenn ich seinen Willen für *mein* Leben kenne!"

Na gut. Befassen wir uns erst einmal damit. Die beste Führung taugt nicht viel, wenn sie nichts mit deiner ganz persönlichen Situation zu tun hat. Wenn ich ein junger Mann wäre, fände ich es ziemlich enttäuschend, wenn Gott zu mir sagen würde: „Irgendwo da drüben in dieser Gruppe von Leuten ist deine Traumfrau – oder auch nicht. Finde es selbst heraus."

Wenn du jetzt sagst: „Ich möchte Einzelheiten erfahren, aber bitte sofort", weißt du, was Gott dann antwortet? „Gib mir zuerst dein Herz. Aber bitte sofort!"

Das Wichtigste zuerst

Stell dir vor, das Leben wäre wie eine Cafeteria, wo du an einem riesigen Bufett entlanggehst und dich mit allem bedienst, was dir gefällt. Einige der Speisen duften sehr verführerisch, bei anderen rümpfst du eher die Nase. Überwältigt von der schier unendlichen Vielfalt der Möglichkeiten, weißt du gar nicht, wo du anfangen sollst.

Wenn dir das Leben wie eine Cafeteria vorkommt, dann ist es kein Wunder, dass du glaubst, es liegt ganz in deiner Verantwortung, was du auf deinen Teller lädst. Ein paar Stücke von Gottes Willen – das Beste, was er zu bieten hat – sind dir sicher sehr willkommen. Andere Brocken sind dagegen schwerer zu schlucken. Du suchst dir also das heraus, was am leckersten aussieht und worauf du am meisten Appetit hast, und hoffst, dass Gott nichts merkt, wenn du das Gemüse liegen lässt. Oder das Obst. Oder andere gesunde Sachen.

Du kannst auch ohne Broccoli durchs Leben kommen.

Aber du kannst nicht auf die guten Dinge verzichten, die Gott auf deinen Teller legt!

Die Verantwortung für dein Leben liegt bei Gott, ob du es wahrhaben willst oder nicht. Deshalb ist es richtig, wenn du ihm die Auswahl überlässt und er den Teller deines Lebens füllt. Wenn du das erkennst, ist das der erste Schritt, um mehr über die wichtigen Einzelheiten des Planes zu erfahren, den Gott für dich vorgesehen hat.

Im Römerbrief 12,1-2 heißt es, dass wir uns Gott unterordnen sollen. Diese Unterordnung bewirkt, dass wir seinen Willen besser kennen lernen:

Weil ihr Gottes Barmherzigkeit erfahren habt, fordere ich euch auf, liebe Brüder, mit Leib und Seele für Gott da zu sein. Seid ein lebendiges und heiliges Opfer, das Gott gefällt. Einen sol-

chen Gottesdienst erwartet Gott von euch. Nehmt nicht die Forderungen dieser Welt zum Maßstab, sondern ändert euch, indem ihr euch an Gottes Maßstäben orientiert. Nur dann könnt ihr beurteilen, was Gottes Wille ist, was gut und vollkommen ist und was ihm gefällt.

Wenn du alles in deinem Leben an Gott abgibst – das heißt, wenn du lernst zu denken, wie er denkt, und zu wollen, was er will –, dann wirst du in der Lage sein „zu beurteilen, was Gottes Wille ist, was gut und vollkommen ist und was ihm gefällt".

Mehr als nur „guter Wille"

Wenn wir mal ehrlich zu uns selbst sind, dann merken wir schnell, dass wir ziemlich eigensinnig sind. Es gibt Bereiche, in denen wir nicht so ohne weiteres bereit sind, alles an Gott abzugeben. Wir wollen nicht, dass er unseren Teller füllt, sondern tun das lieber selbst. Deshalb müssen wir uns täglich neu bewusst machen, dass wir uns dazu entschieden haben und bereit sind, seinen Willen zu tun. Gott hat einen umfassenden Plan für die Welt und du bist ein Teil davon. Aber selbst Jesus musste sich bewusst dafür entscheiden, den Weg zu gehen, den sein Vater für ihn vorgesehen hatte. Als er am Kreuz stand, betete er: *Nicht was ich will, sondern was du willst, soll geschehen* (Lukas 22,42).

Du hast sicher schon ein- oder zweimal – na gut, wahrscheinlich eher tausendmal – darüber nachgedacht, was dich in Bezug auf Liebe und Freundschaften im Leben erwartet. Auch wenn du dich in diesem Bereich im Augenblick wie ein totaler Versager fühlst, gibst du die Hoffnung nicht auf, dass eines Tages die Traumprinzessin oder der Ritter in der schimmernden Rüstung daherkommt, um dich aus deinem Singledasein zu erlösen.

Bist du dazu bereit, alle Wünsche und Erwartungen für diesen wichtigen Teil deines Lebens Gott in die Hände zu legen?

Wenn du es ablehnst, Gottes Willen zu tun – hier oder in anderen Lebensbereichen – dann ist es zwecklos, weiterhin überhaupt nach seinem Willen zu fragen. Das hat folgende Gründe:

✗ *Du belastest deine Beziehung zu Gott.* Gott führt diejenigen, die ihm vertrauen. Wenn du aufhörst, ihm zu vertrauen, kann er dich nicht leiten. Es ist wie bei einem alten Radio: Wenn der Empfänger nicht genau auf den Sender eingestellt ist, kommt keine Übertragung zustande.

✗ *Dort, wo du im Moment bist, kannst du Gott nicht hören.* In Johannes 12,26 sagt Jesus: *Wer mir dienen will, der soll mir auf diesem Weg folgen. Denn wo ich bin, da soll auch er sein.* Je weiter du dich aus der Gegenwart Gottes entfernst, umso weniger kannst du seine Stimme hören.

Aus diesen Gründen habe ich im letzten Kapitel gesagt, dass du dich entscheiden musst, Gott dein Leben anzuvertrauen, noch bevor du weißt, was im Einzelnen geschehen wird. „Ich bin bereit, den Willen Gottes zu tun, ganz gleich, was es ist" – nur mit dieser Einstellung gelingt dein Leben. Und weißt du was? Wenn du einmal diese bedeutsame Grundsatzentscheidung getroffen hast, sind alle folgenden Entscheidungen klarer und einfacher.

Der große Überblick

Die Entscheidungen, die du in einem so wichtigen Lebensbereich wie deinem Liebesleben triffst, machen deutlich, ob es dir mit Gottes Geboten ernst ist. Deshalb ist es so wichtig, dass du Gott auch auf diesem Gebiet freie Hand lässt und seiner Führung vertraust. Aber du kannst von Gott keine Einzelheiten erwarten, bevor du nicht einen Einblick in seine Pläne und Gedanken für die Menschheit insgesamt hast. Gott ist nicht bereit, dir deine Traumfrau oder deinen Traummann zu zeigen, wenn sich deine Träume außerhalb seines Planes abspielen.

Um von Gott etwas über unseren ganz individuellen Lebensplan zu erfahren, ist es notwendig, zunächst seinen allgemeinen Plan für alle Menschen kennen zu lernen und ihn für sich anzunehmen.

Der Bereich Liebe und Sexualität nimmt einen großen Teil unseres Lebens ein. Daher ist es nicht verwunderlich, dass Gott in seiner Schöpfungsordnung feste Regeln für den Umgang damit gegeben hat. Mit seinen Geboten, die für alle Menschen gelten, hat er uns die Grenzen gezeigt, in denen wir uns bewegen sollen. Und dasselbe lässt sich auch über die meisten anderen Lebensbereiche sagen. Im Großen und Ganzen ist es deshalb gar nicht so schwierig, Gottes Willen zu erkennen, denn es wird immer Bibelstellen geben, die das eine oder andere Thema für uns erschließen. Die Bibel ist die Quelle, die unsere Fragen über den Willen Gottes beantwortet.

Einmal kam ein junger Mann zu mir und sagte: „Josh, ich weiß nicht, was ich tun soll. Ich habe eine Freundin und . . . na ja, also unsere Zärtlichkeiten . . . ich bin mir nicht sicher, was hier Gottes Wille ist."

„Das kann nicht dein Ernst sein", antwortete ich ihm, „was gibt es da noch zu fragen? Du brauchst deswegen nicht einmal zu beten." Dann zeigte ich ihm die Stelle in

1. Thessalonicher 4.3, wo es heißt: *Gott will, dass ihr ganz und gar ihm gehört. Deshalb soll sich niemand mit Dirnen abgeben, oder auf andere Weise unzüchtig leben.* Ich sagte zu ihm: „Gott will, dass du ein geheiligtes Leben führst. Aber eure Situation muss man als sexuelle Unzucht bezeichnen."

Da begann er ziemlich nervös zu werden. Ich konnte förmlich sehen, wie es in seinem Gehirn arbeitete. „Wenn das die Antwort ist", sagte er, „dann bin ich mir nicht so sicher, ob ich wirklich den Willen Gottes tun will."

Seine Haltung war nicht: „Herr, zeige mir deinen Willen, damit ich ihn tun kann", sondern vielmehr: „Zeig mir deinen Willen, damit ich entscheiden kann, ob ich ihn tun will."

Es ist wirklich sehr einfach, in diesem Lebensbereich Gottes Willen zu erkennen. Du wirst also Gott nie fragen müssen: „Herr, ist Sex vor der Ehe dein Wille?"

Was kann Gott schon über die Liebe wissen?

Wenn du dich entschieden hast, Gottes Willen zu folgen und zustimmst, dass ein geheiligtes Leben seinem Willen entspricht – dann ist es Zeit, die Bibel eingehender zum Thema Liebe zu befragen.

Die biologischen Abläufe unseres Körpers haben sich seit den Urzeiten der Bibel nicht wesentlich verändert und auch Gottes Absichten für unser Liebesleben sind damals wie heute die gleichen. Falls du denkst, dass die Bibel zum Thema Sex nichts zu sagen hat, erinnere dich nur mal daran, was in dieser Hinsicht vor sich ging, als sie geschrieben wurde. Das Volk Gottes war umgeben von Menschen, für die Sex eine religiöse Übung war. Die Tempel waren voll von Prostituierten, die für diese Form des

„Gottesdienstes" ihre Körper zur Verfügung stellten. Weil dies zur damaligen Kultur gehörte, wandte sich Paulus auch in seinen Briefen an die Menschen, die in Bezug auf sexuelle Sünden schon einiges hinter sich hatten. Dazu gehörten außereheliche Beziehungen ebenso wie Inzest, vorehelicher Sex und Homosexualität. Alles ziemlich harter Tobak, findest du nicht auch?

Gottes Lebensregeln sind für die wirkliche Welt gedacht und seine Gebote gelten für jeden von uns – auch unser Liebesleben. Wirf mal einen Blick auf folgende Gedanken dazu:

✗ *Gott ist wichtiger als jede menschliche Liebe.* Für viele Menschen wird der Partner oder die Partnerin schnell zu einem Mini-Gott oder einer Mini-Göttin. Er oder sie bestimmt, welche emotionalen und physischen Grenzen man einhält oder überschreitet. Aber Gott sagt: *Du sollst außer mir keine anderen Götter verehren* (2. Mose 20,3).

✗ *Gott hat die Menschen zum Heiraten geschaffen.* Im 1. Korintherbrief 7,2-3 heißt es: *Aber damit niemand zur Unzucht verleitet wird, ist es besser, wenn jeder Mann seine Frau und jede Frau ihren Mann hat.* Damit jeder zufrieden sein kann. Ist das nicht ein wunderbarer Gott?

✗ *Gott hat für einen gläubigen Menschen einen gläubigen Partner vorgesehen.* Ich höre immer wieder die Frage: „Soll ich mit diesem Menschen befreundet bleiben und ihn sogar irgendwann heiraten?" Zuerst erkundige ich mich dann, ob die betreffende Person gläubig ist. Ist sie es nicht, dann entspricht die Beziehung sicher nicht dem Willen Gottes. Lies, was dazu in 2. Korinther 6,14-15 steht.

✗ *Die eigene Sexualität soll nur mit dem Ehepartner ausgelebt werden.* In Hebräer 13,4 steht, dass die Ehe geachtet werden soll und dass sich Ehepartner die Treue halten sollen. Und in Sprüche 5,8-19 heißt es: *Erfreue dich an deiner Frau . . . berausche dich immer wieder an ihren Brüsten und an der Liebe, die sie dir schenkt.* Gottes Wille ist es, dass Ehepaare sich treu bleiben.

Sexuelle Sünde beginnt immer in Gedanken. Das Gebot der Reinheit bezieht sich nicht nur auf unser Handeln, sondern auch auf unsere Gedanken. Ja, deine tatsächliche Einstellung zur Liebe kommt zum Vorschein, wenn du dich unbeobachtet fühlst. Wohin wandern in solchen Momenten deine Augen und deine Gedanken? Jesus sagt in Matthäus 5,28: *Schon wer eine Frau mit begehrlichen Blicken ansieht, der hat im Herzen mit ihr die Ehe gebrochen.*

Prüfe dein Herz

All die vorangegangenen Punkte sind Bestandteile von Gottes Plan für diese Welt. Aber Gott trifft auch Aussagen, die uns helfen, seinen Willen für unser ganz persönliches Leben zu erkennen. Doch bevor ich dazu komme, möchte ich dir eine gezielte Frage stellen: Wie wirkt sich Gottes Wille in deinem Liebesleben aus?

Rebekka war bereits im Grundschulalter ständig von Jungen umgeben. Als sie dann sechzehn war, gelang es ihrem Freund, sie davon zu überzeugen, dass sie die Liebe seines Lebens sei, und die beiden begannen eine sexuelle Beziehung. Obwohl Rebekka dann einige Jahre später Christ wurde und in den vollzeitlichen missionarischen Dienst ging, wurde sie von ihrer Vergangenheit verfolgt. Ständig verglich sie ihren Mann mit seinen Vorgängern oder mit den Männern, die sie bei ihrer Arbeit traf. Zwei Scheidungen später hat sie immer noch Mühe damit, ihr Liebesleben unter den Willen Gottes zu stellen.

Wenn du nicht lernst, dein Verhalten unter Kontrolle zu haben, werden deine Beziehungen immer wieder auf der falschen Grundlage aufbauen. Und wenn du nicht lernst, deine Gedanken unter Kontrolle zu haben, werden unkluge Gedanken immer wieder deine Handlungen bestimmen. Ein solches Verhalten kann Gott nicht segnen!

Solltest du mit dem Thema Liebe und Sexualität Schwierigkeiten haben, dann lies alles, was du in der Bibel darüber finden kannst. Versuche auch, mit einem Seelsorger oder einem anderen Christen, dem du vertraust, ins Gespräch zu kommen. Vor allem gib nicht auf! Lass es zu, dass Gott an dir arbeitet, um deine Gedanken mit seinem übergeordneten Willen in Übereinstimmung zu bringen. Frage dich auch, ob du womöglich gar nicht einverstanden bist mit dem, was Gott für uns Menschen will. Wenn das so ist, warum sollte Gott dir dann in deiner individuellen Lebenssituation Hilfestellung leisten? Vielleicht sagst du: „Oh, Gottes Vorstellungen machen das Ganze so extrem schwierig!" Doch das ist nicht wahr. Vielmehr macht das die ganze Angelegenheit aufrichtig! Und vielleicht denkst du auch: „Das ist eine ziemlich ernste Sache." Da liegst du richtig. Die Liebe ist eine komplizierte Angelegenheit! Sie ist ein intensives Gefühl, das dein Leben ganz schön durcheinander wirbeln und unter Umständen sogar ruinieren kann. Deshalb ist es wichtig, dass du über Gottes Willen Bescheid weißt und bereit bist, dich ihm zu beugen, bevor du nach seinem konkreten Willen für dein Leben fragst.

Du betest nicht zum Osterhasen

Manche Menschen verwechseln Gott mit dem Osterhasen. Sie stellen sich vor, dass Gott überall in der Gegend das Wissen über seine Pläne unter Steinen und hinter Büschen portionsweise versteckt, damit es auch ja schwer zu finden ist. Wenn man dann Glück hat und etwas findet, kann man sich freuen, und wenn nicht, hat man eben Pech gehabt. Es ist alles nur ein Spiel.

Doch Gott spielt keine Spielchen. Gott liebt dich so sehr, dass er sich für jede Einzelheit deines Lebens interessiert, auch für deine Sehnsucht nach der großen Liebe. Er will nichts vor dir verheimlichen. Ohne Zweifel hat er etwas ganz Bestimmtes für dein Leben geplant, das er dir zu gegebener Zeit auch zeigen wird.

Und weshalb? Du bist Gott unendlich wichtig. Das zeigt sich unter anderem darin, dass sein Plan jeden Augenblick deines Lebens umfasst – jeden Punkt auf deiner Tagesordnung, an jedem Tag der Woche, in jeder Woche des Monats und in jedem Monat des Jahres. In Matthäus 6,26 heißt es: *Seht euch die Vögel an! Sie säen nichts, sie ernten nichts und sammeln auch keine Vorräte. Euer Vater im Himmel versorgt sie. Meint ihr nicht, dass er sich um euch noch viel mehr kümmert?* Matthäus 10,29 und 31 sagen uns: *Welchen Wert hat schon ein Spatz auf dem Dach! Trotzdem fällt keiner tot zur Erde, wenn es euer Vater nicht will . . . Darum habt keine Angst. Ihr seid Gott mehr wert, als ein ganzer Spatzenschwarm.* Wenn Gott sich um jeden einzelnen Spatzen auf der Erde kümmert, hat er mit absoluter Sicherheit auch jede Sekunde deines Lebens voll im Blick.

Finde heraus, was Gottes Wille für dein Liebesleben ist

Wird Gott dir nun die Person zeigen, mit der du eine Beziehung beginnen sollst? Wird er dir morgen früh eine Nachricht in deinen Briefkasten stecken, auf der steht, dass du in vier, acht oder zehn Jahren heiraten wirst?

Es ist beruhigend zu wissen, dass Gott dich nicht zu einer Beziehung zwingen wird, die du nicht willst. Er wird dich also nicht in einer Zwangsjacke vor den Altar schleppen! Vielmehr zeigt uns die Bibel an den verschiedensten Stellen, dass Gott den freien Willen des Menschen achtet. Was auch immer Gott in Bezug auf dein Liebesleben mit dir vorhat, du hast die freie Wahl. Liebe ist eine Entscheidung und kein unabänderliches Schicksal! Außerdem hast du sicher schon festgestellt: Eine Beziehung setzt immer voraus, dass jemand dich genauso sehr mag wie du dein Gegenüber.

Weil dich nun aber Beziehungsfragen vor schwerwiegende Entscheidungen stellen können, brauchst du alle Entscheidungshilfen, die Gott dir geben kann.

Deshalb werden wir in diesem Buch über vier grundsätzliche Möglichkeiten sprechen, wie du Gottes Willen für dein Leben erkennen kannst. Anschließend kannst du diese vier Schritte auf jede Art von Entscheidung anwenden. Man könnte sie auch als ein Vier-Punkte-Programm bezeichnen, mit dessen Hilfe du Gottes Plan für dein Leben kennen lernen kannst.

- ✗ Du brauchst Gebet.
- ✗ Du brauchst den Rat von anderen.
- ✗ Du musst deine aktuelle Lebenssituation berücksichtigen.
- ✗ Aber zuallererst brauchst du das Wort Gottes!

Gottes Licht auf deinem Weg

Wenn du etwas über Gottes allumfassenden Plan erfahren willst, ist die Bibel die Quelle, die du zuerst befragen solltest. Aber auch über das Vier-Punkte-Programm, mit dessen Hilfe du Gottes ganz besonderen Plan für dein Leben erkennen kannst, hat die Bibel einiges zu sagen. Sie lehrt uns, dass wir aus dem Wort Gottes einen unerschöpflichen Vorrat an Hinweisen bekommen, der uns hilft, persönliche Entscheidungen zu treffen. Paulus schreibt: *Denn die ganze Heilige Schrift ist von Gottes Geist eingegeben. Sie lehrt uns, die Wahrheit zu erkennen, unsere Schuld einzusehen, uns von Grund auf zu ändern und so zu leben, dass wir vor Gott bestehen können* (2. Timotheus 3,16). Viele Generationen von Christen werden bezeugen, dass . . . *dein Wort wie ein Licht in der Nacht ist, das meinen Weg erleuchtet* (Psalm 119,105).

Wenn du in der Bibel liest, um Gottes Führung zu erkennen, dann solltest du dich fragen: „Was bedeutet dieser Vers für mich?" Denk bitte nicht: „Dieser Vers richtet sich sicher *nicht* an mich", sondern vielmehr „dieser Vers ist *ganz besonders* für mich geschrieben worden."

Wenn du regelmäßig in der Bibel liest, wird es oft vorkommen, dass dich ein Vers direkt in deiner ganz individuellen Situation anspricht, sozusagen „den Nagel auf den Kopf trifft". Vielleicht hast du auch schon von der „leisen Stimme Gottes" gehört. In Jesaja 30,21 heißt es: *Und kommt ihr vom richtigen Weg ab, so hört ihr hinter euch eine Stimme: ‚Halt, dies ist der Weg, den ihr einschlagen sollt!'"* Gottes Stimme spricht in der Sprache der Bibel und je mehr du darin liest, desto häufiger wird dir auffallen, wie sie auf stille Art und Weise die Schritte deines Lebens lenkt.

Aber wo sollst du nun mit dem Lesen anfangen? Da du wahrscheinlich nicht gleich morgen heiraten wirst, fang am besten da an, wo Paulus etwas über die Vorzüge des Singledaseins sagt (1. Korinther 7,7–9) und darüber, wie man in jeder Lebenssituation zufrieden und ausgeglichen sein kann. Schau dir die Verse an, die dich dazu ermutigen, in Bezug auf Liebe und Partnerwahl hohe Erwartungen zu haben (1. Korinther 13; Sprüche 31,10–31). Mach dir bewusst, dass Schönheit gerade so weit reicht wie deine Haut dünn ist (Sprüche 31,30; 1. Timotheus 2,9–11; 1. Samuel 16,7). Und lies die Liebesgeschichten der Bibel, sowohl die guten als auch die schlechten: David und Batseba (2. Samuel 11–12), Samson und Delila (Richter 16), Ruth und Boas (Ruth 2–4) und Maria und Josef (Matthäus 1,18–25). Nimm dir zu Herzen, was die Bibel über Selbstbeherrschung sagt (Epheser 4,17–24; Galater 5,22–25). Überprüfe alles, was du tust, im Hinblick darauf, ob es Gottes Zustimmung hat und ihn ehrt (1. Korinther 10,13). Und lies auch die Stellen, die eindeutig aufzeigen, dass Gott der Erfinder der Liebe ist (Sprüche 5,15–19; 30,18–19).

Das habe ich alles gelesen. Was nun?

Wirst du Gottes Plan für dein Leben genau kennen, nachdem du alles gelesen hast, was ich dir empfohlen habe? Sicher nicht. Aber es ist ein Anfang.

Die Bibel setzt Richtlinien für dein Leben, und sie gibt dir viele Hinweise, wie du es innerhalb dieser Richtlinien gestalten kannst. Aber Gott gebraucht verschiedene Wege, um einen Menschen zu führen. Es wird nicht immer der Fall sein, dass du nur ein paar Verse zu einem bestimmten Thema lesen musst, um zu wissen, was du tun sollst. Gott benutzt auch das Gebet, den Rat von anderen Christen und deine Lebensumstände, um zu dir zu sprechen.

Schritt für Schritt

Noch etwas: Gott hat nicht nur einen Plan für unser Leben, er wünscht sich auch, dass wir diesen Plan kennen lernen. Sieh dir noch mal den Psalm 32,8 an, wo Gott sagt: *Ich will dich lehren und dir sagen, wie du leben sollst; ich berate dich, nie verliere ich dich aus den Augen.*

Viele Christen lesen diesen Vers und denken: „Nanu, welche Lehre, welche Beratung? Ich habe noch nie erlebt, dass Gott Ratschläge verteilt wie eine Ratgeber-Zeitschrift. Wenn das tatsächlich der Fall sein sollte, dann hat Gott mich bisher noch nicht beraten. Ich lebe Tag für Tag vor mich hin, ohne genau zu wissen, was er eigentlich von mir will."

Wir haben schon darüber gesprochen, dass sich Gottes Wille für dein Leben oft in seinem Willen für die ganze Menschheit offenbart. Du brauchst bei den allermeisten Fragen und Entscheidungen nicht um eine Eingebung zu beten oder 100 verschiedene Ratschläge einzuholen. Alles, was du tun musst, ist, dich nach Gottes Geboten zu richten.

Die Bibel zu lesen ist die beste Möglichkeit, um Gottes ganz speziellen Weg für dein Leben kennen zu lernen. Dabei ist ein bestimmter Punkt äußerst wichtig: Es braucht Zeit, den Willen Gottes für sich zu entdecken! Und ich kann dir auch keine Einmal-für-alle-Zeiten-Enthüllung von Gottes Willen versprechen, denn so handelt Gott nun mal nicht. Er wird dich nicht auf einmal mit aller Erkenntnis überschütten, denn es ist ein fortlaufender, lebenslanger Prozess, seinen Willen für sein eigenes Leben zu erkennen. Lass dich nicht entmutigen, auch wenn dieser Prozess mit Arbeit und Mühe verbunden ist. Gott führt dich Schritt für Schritt und bleibt dabei immer in deiner Nähe. Er rechnet damit, dass du ihm in ebenso kleinen Schritten folgst, um von ihm zu lernen. Denn darum geht es doch eigentlich: Dass sich in der Nähe zu ihm und in der Freude an ihm deine sehnlichsten Wünsche erfüllen.

Kapitel 4

Ich wünsche mir gute Freunde

Deine Freunde sind in zweifacher Hinsicht ein entscheidender Faktor in deinem Leben. Einerseits erfüllen sie dein Bedürfnis nach emotionaler Nähe zu anderen Menschen, andererseits können sie dazu beitragen, dass du Gott noch näher kommst. Dadurch werden deine Freunde für dich zu sehr, sehr wichtigen Menschen.

Natürlich liegt dir viel an Freundschaften, aber *wie* viel, das wirst du gleich erfahren, indem du das Fünf-Sekunden-Quiz machst: Was tust du als Erstes, wenn du den Pausenhof deiner Schule betrittst?

Eins – zwei – drei – vier – fünf.

Die Zeit ist um. Ich wette, du suchst zuerst nach bekannten Gesichtern. Nur ein einziger Blick sagt dir, wo du willkommen bist und wo nicht.

Ganz egal was du unternimmst, es macht immer mehr Spaß, wenn deine besten Freunde mit von der Partie sind. Vielleicht gehörst du zu den Leuten, die schon mit ein oder zwei guten Freunden zufrieden sind, aber vielleicht brauchst du auch eine ganze Gruppe von Freunden, um dich wohl zu fühlen. Dann hast du wahrscheinlich „Entzugserscheinungen“, wenn du mit ihnen nicht ständig in Kontakt stehst. Oder brauchst du bei aller Freundschaft doch deinen Freiraum, um wieder aufzutanken?

Und vielleicht gehört auch deine Familie zu deinem Freundeskreis, denn schließlich waren das die ersten Freunde, die du überhaupt hattest.

Dabei ist es keineswegs so, dass gute Freunde das Leben vollkommen machen. Du hast sicher schon erlebt, wie bitter es ist, wenn Freundschaften auseinander gehen und man den Eindruck hat, nicht mehr zu einem Freundeskreis dazuzugehören. Vielleicht ziehst du dich in einer solchen Situation auf dein Zimmer zurück und hörst Musik. Manchmal kann das eine große Hilfe sein, aber wer sich zu lange in CDs vergräbt, landet irgendwann in einer (emotionalen) Sackgasse. Die Welt zwischen den zwei Kopfhörern wird dann ziemlich eng, nicht wahr?

Aber tröste dich: Gott hat nie vorgehabt, dich allein durchs Leben gehen zu lassen!

Der vollkommene Freund

Was du brauchst, sind nicht einfach irgendwelche Freunde, sondern die *richtigen* Freunde.

Denk doch einmal einen Moment lang über deinen derzeitigen Freundeskreis nach. Was macht ihn so wertvoll für dich? Was können deine Freunde dir geben? Mit Leuten, die dich vergessen, wenn sie dich eine Weile mal nicht sehen, kannst du nichts anfangen. Und es ist dir sicher auch nicht genug, wenn man dich nur oberflächlich toleriert. Du brauchst mehr als ein paar Nicht-Feinde!

Sicher könntest du leicht eine Liste mit all den guten und schlechten Eigenschaften deiner Freunde machen und dann stundenlang darüber reden. Du weißt alles über sie, egal, ob du nun viele hast oder nur wenige. In der Bibel gibt es eine ganze Menge Geschichten über gute und schlechte Freundschaften:

- ✗ *Adam und Eva* waren die besten Freunde der Welt, aber ihr ältester Sohn brachte seinen jüngeren Bruder um (1. Mose 4,8).
- ✗ *Ruth* hatte eine so enge Freundschaft zu ihrer Schwiegermutter *Naomi,* dass sie, nachdem ihr Ehemann gestorben war, mit ihr in einem weit entfernten Land blieb, anstatt zurück zu ihrer Familie zu gehen (Ruth 1,16).
- ✗ *David und Jonathan* wurden selbstlose Verbündete und Freunde, obwohl Saul (Jonathans Vater) versuchte, David zu töten (1. Samuel 18).
- ✗ *Jesus* wusste, was es heißt, betrogen und verraten zu werden: *Er kam in seine Welt, aber die Menschen nahmen ihn nicht auf* (Johannes 1,11). Er wurde von *Judas,* einem engen Freund, an die Behörden ausgeliefert (Matthäus 26,49-50).
- ✗ *Die Freunde des gelähmten Mannes* stiegen durch das Dach eines Wohnhauses ein und ließen ihn auf einer Bahre hinunter, damit ihr Freund von Jesus geheilt werden konnte (Markus 2,1-5).
- ✗ *Die Mitglieder der frühen Kirche* waren sich sehr nahe *und gaben jedem, der in Not war* (Apostelgeschichte 2,45).
- ✗ *Jakobus* wies die Christen an, voreinander Rechenschaft abzulegen (Jakobus 5,16).
- ✗ *Paulus* warnte die Gläubigen davor, *wie wütende Hunde übereinander herzufallen* (Galater 5,15).
- ✗ Im Buch der Offenbarung wird beschrieben, wie *das Volk Gottes* ewig in Gottes Gegenwart zusammen leben wird (Offenbarung 21,3-4).

Ein letzter Gedanke zu diesem Thema: Jesus hat gesagt, dass die zwei wichtigsten Gebote der Bibel diejenigen sind, dass wir Gott und unseren Nächsten lieben sollen. Deshalb kannst du ganz sicher sein, dass Gott die Beziehungen zueinander in den Mittelpunkt des Universums gestellt hat! Du erwartest von deinen Freunden ein Gefühl der *Zugehörigkeit* – das Gleiche erwartet Gott von dir.

Wenn wir das Ganze einmal realistisch betrachten, so findet wohl nicht jeder den Traumpartner, mit dem er bis in alle Ewigkeit glücklich ist. Doch das schließt das Erlebnis von tiefer Freundschaft nicht aus! Gott möchte, dass du echte Freunde hast, das ist sein ausdrücklicher Wille.

Was tut man nicht alles, um Liebe und Anerkennung zu erhalten

Einige Christen glauben, wenn man eine gewisse geistliche Reife erreicht hat, kommt man allein zurecht; frei nach dem Motto: „Nur Jesus und ich auf dem Weg durchs Leben." Aber wir werden immer andere Menschen brauchen, auch wenn wir noch so eng mit Gott verbunden sind. Menschliche Zuwendung bleibt für uns alle ein lebenslanges Bedürfnis, auf das wir nicht verzichten können.

Wir können uns anderen Menschen auf folgende unterschiedliche Arten zugehörig fühlen:

✗ *Auf die falsche Art und Weise.* Manchmal werden Gangs oder Cliquen zu einer Ersatzfamilie, in der die Mitgliedschaft im Extremfall tödlich enden kann. „Party-Freundschaften" sind auch nicht viel besser: Man hat nicht gleich neue Freunde gewonnen, nur weil man mit ihnen einen Kasten Bier geleert hat. Auf diese Weise entsteht nur eine falsche Art der Zugehörigkeit, die letztendlich zerstörerisch wirkt.

✗ *Auf exklusive Art und Weise.* Snob-Cliquen sind wie ein Iglu: warm und kuschelig nach innen und eiskalt nach außen. Sie können von guten oder von schlechten Dingen zusammengehalten werden, aber es ist immer schwer, Zugang zu ihnen zu finden. Falls man das überhaupt will!

✗ *Auf bizarre Art und Weise.* In Reality-Shows wie „Big Brother“ werden junge Männer und Frauen in ein Haus gesteckt, in dem sie mehr übereinander erfahren, als sie je wissen wollten. Das ist ungefähr so, als würdest du dauerhaft im Zimmer deines Freundes oder deiner Freundin campieren und umgekehrt – eine ständige Versuchung!

Gott schafft sinnvollere Möglichkeiten der Zugehörigkeit.

Freunde wie in 2. Timotheus 2,22

„Alles Schlechte, was ich heute weiß, habe ich in unserer Gemeinde gelernt“, sagt Emily. „Während des Gottesdienstes rauchten wir unter der Kirchentreppe heimlich Hasch. Auf unseren Freizeiten fanden sich immer schnell Pärchen, die alles Mögliche miteinander anstellten. Letzten Sommer machte der Jugendchor unserer Gemeinde eine Konzert-Tour durch Deutschland. Und in einem Ort gab es nach dem Konzert eine große Schlägerei! Zum Glück nahm ich stattdessen an einem Missionsprojekt teil. Dort sind mir zum ersten Mal *wirkliche* Christen in meinem Alter begegnet, die leben, was sie glauben. Sie kennen zu lernen hat mein Leben verändert, denn sie waren die ersten Freunde, die mir wirklich geholfen haben!“

Zwischen diesen zwei Arten von Freunden liegen Welten. Du kannst – auch in deiner Gemeinde – von Freunden umgeben sein und dennoch nichts von den einzigartigen Beziehungen erleben, die Gott sich für dich wünscht.

Gott möchte, dass du gute, enge Freunde hast, die dir helfen, ihm näher zu kommen. Du kannst sie „2.-Timotheus-2,22-Freunde“ nennen, denn in diesem Vers werden sie beschrieben: *Widerstehe den Verlockungen und Leidenschaften, die besonders jungen Menschen zu schaffen machen. Setze vielmehr alles daran, dass du vor Gott bestehen kannst, dass dein Glaube fest wird und du in Liebe und Frieden mit allen lebst, die Gott aufrichtig anbeten.*

Die Freunde, die Gott aufrichtig anbeten, sind die richtigen Freunde für dich. Sie können dir helfen, dich von Schwierigkeiten fern zu halten, denn sie streben ebenfalls danach, Gottes Willen in ihrem Leben zu verwirklichen. Und sie können dein Bedürfnis nach menschlicher Nähe und echter Freundschaft stillen.

Freundschaft ist ein Grundbedürfnis

Vielleicht bist du dir gar nicht sicher, ob du diese Art von Freunden überhaupt haben willst.

Michaels Eltern ist es wichtig, dass ihr Sohn christliche Freunde hat. Sie sind sogar bereit, die Kosten zu übernehmen, wenn er seine Freunde zu einer christlichen Freizeit einlädt. Michael ist davon allerdings nicht sonderlich begeistert. „Ich will keine Freunde aus der Gemeinde“, sagt er. „Habt ihr euch die denn mal genau angesehen? Das sind doch alles Spinner. Die halten sich ständig an den Händen und singen und haben von nichts eine Ahnung. Das reicht doch wohl, oder?“

Eltern wollen solide Freunde für ihre Kinder, und zwar unter anderem deshalb, weil sie sonst nachts wach liegen und sich um ihren Nachwuchs Sorgen machen. Aber Gott ist nicht wie deine Eltern! Und darüber hinaus weiß er noch viel mehr über die Gefahren, die von falschen Freunden ausgehen können. Außerdem weiß er viel mehr über den guten Einfluss, den die richtigen Freunde haben können. Erinnerst du dich? Freunde sind in zweierlei Hinsicht bedeutsam. Sie erfüllen dein Bedürfnis nach zwischenmenschlichen Beziehungen und emotionaler Nähe und sie können dir helfen, dich näher zu Gott zu bringen, damit du herausfinden kannst, was er für dich geplant hat. Die Bibel sagt sogar, dass christliche Freunde ein Lebenselixier sind. Du kennst wahrscheinlich die Bibelstelle in 1. Korinther 12, wo von den Gläubigen als dem „Leib Christi" die Rede ist. Jeder Körperteil ist wichtig und keiner kann ohne den anderen funktionieren. Ein Fuß kann nicht sagen: „Ich bin keine Hand, deshalb gehöre ich nicht zum Körper." Er kann nicht aufhören, Teil des Ganzen zu sein. Was geschieht aber, wenn ein Fuß, ein Ohr oder ein Finger vom Körper abgetrennt werden? Sie sterben schnell ab, trocknen aus, verwandeln sich in Staub und verschwinden.

Christliche Freunde zu haben ist nicht nur eine gute Sache, es ist ein Grundbedürfnis. Dabei geht es nicht bloß um ein gemütliches Zusammensein – sondern ums Überleben!

Was tun denn eigentlich christliche Freunde?

Sie verbringen Zeit miteinander!

Gott sagt dir ganz deutlich, wie deine Freundschaften aussehen sollen: *Widerstehe den Verlockungen und Leidenschaften, die besonders jungen Menschen zu schaffen machen.*

Setze vielmehr alles daran, vor Gott zu bestehen, damit dein Glaube fest wird und du in Liebe und Frieden mit allen lebst, die Gott aufrichtig anbeten. Mit dem Satz „mit allen zu leben, die ..." fängt es an. Die 2.-Timotheus-Freundschaften geschehen nicht von selbst. Du musst schon ein bisschen Eigeninitiative zeigen! Es kostet immer Zeit und Arbeit, Freunde zu gewinnen und Freundschaften zu erhalten.

„In meiner Schule hatte ich zwar auch Freunde", erinnert sich ein Student, „aber am engsten war ich mit den Leuten aus meiner Gemeinde befreundet. Das lag nicht nur daran, dass wir gemeinsame Interessen hatten, sondern vor allem daran, dass Jesus der Mittelpunkt unseres Lebens war. Wir sahen uns normalerweise am Mittwoch in der Bibelstunde, am Sonntag im Gottesdienst und ein- oder zweimal in der Woche ohne besonderen Anlass. Weil ich von ihnen lernte, wie eine echte Freundschaft aussehen kann, hatte ich eine gute Grundlage, um mir an meinem Studienort neue Freunde zu suchen. Inzwischen ist mir klar: Ohne christliche Freunde komme ich nicht zurecht."

Die Bibel schlägt dir einen „Test" vor, mit dessen Hilfe du feststellen kannst, ob dein Leben mit Gottes Plan übereinstimmt: *Versäumt nicht die Zusammenkünfte eurer Gemeinde, wie es sich einige angewöhnt haben. Ermahnt euch gegenseitig dabeizubleiben* (Hebräer 10,25). Vielleicht hörst du das gar nicht gern. Womöglich hast du nur noch selten Kontakt zu deinen christlichen Freunden. Vielleicht motiviert dich dieses Kapitel ja wieder, mehr Kontakt mit Christen zu haben.

Was tun christliche Freunde außerdem?

Sie handeln gemeinsam!

Warum hat sich Paulus wohl besonders an Jugendliche gewandt, als er vor „Verlockungen und Leidenschaften" warnte? Nun, Timotheus, der Empfänger dieses Briefes, war noch ziemlich jung. Paulus schrieb in einem früheren Brief an ihn: *Niemand hat ein Recht, auf dich herabzusehen, weil du noch so jung bist. Allerdings musst du in jeder Beziehung ein Vorbild sein, in allem, was du sagst und tust: In der Liebe, im Glauben und in deiner ganzen Gesinnung* (1. Timotheus 4,12). Er hatte offensichtlich große Erwartungen in Bezug auf Timotheus und dabei keine großen Ängste!

Dennoch war sich Paulus bewusst, dass Timotheus wegen seiner Jugend auch mächtigen Versuchungen ausgesetzt war. Deshalb verriet er ihm das Geheimnis geistlicher Stärke: Timotheus sollte sich von den Verlockungen und Leidenschaften fern halten, die jungen Menschen zu schaffen machen. Und er sollte gemeinsam mit anderen Gläubigen Gottes Willen anhaltend suchen und erforschen.

Belasst es nicht dabei, nur Zeit miteinander zu verbringen, scheint dieser Vers uns Christen zu ermahnen, sondern achtet darauf, auch zusammen zu *handeln.*

Die ganze Bibel ist geradezu ein Handbuch für christliche Freundschaften. Paulus sagt uns das Wichtigste in aller Kürze in den folgenden Sätzen zusammengefasst: Fliehe vor dem Bösen. Halte dich fern davon. Aber gleichzeitig solltest du nach folgenden vier Dingen streben:

- *Gerechtigkeit.* Verlass dich darauf, dass Jesus für deine Sünden gestorben ist, damit du vor Gott bestehen kannst.
- *Glaube.* Hab Vertrauen zu Gott.

- *Liebe.* Versuche, nur das Beste für deine Mitmenschen zu wollen und zu tun.
- *Frieden.* Lebe mit anderen in Harmonie.

Du musst Gemeinschaft mit anderen Gläubigen haben, damit du gemeinsam mit ihnen handeln kannst. Halte dich deshalb von dem Bösen fern: *Ermahnt und ermutigt euch immer wieder, . . . nur so seid ihr sicher, dass ihr seine Stimme nicht überhört und die Sünde euch nicht betrügen kann* (Hebräer 3,13). Suche stattdessen das Gute und handle danach: *Achtet aufeinander! Ermutigt euch zu gegenseitiger Liebe, und spornt einander an, Gutes zu tun* (Hebräer 10,24).

Tun christliche Freunde etwa noch mehr?

Sie beten miteinander!

Vielleicht verbringst du viel Zeit mit deinen christlichen Freunden und unternimmst viel mit ihnen. Aber betest du auch mit ihnen? Da wird es schon schwieriger, oder? Das Gebet ist ein unverzichtbarer Teil von 2. Timotheus 2,22: *. . . die Gott aufrichtig anbeten.* Schauen wir uns mal ein paar Bibelstellen an, in denen davon die Rede ist, Gott anzurufen bzw. zu ihm zu beten.

- Gleich am Anfang der Bibel: *Auch Seth bekam später einen Sohn und nannte ihn Enoch. Zu dieser Zeit begannen die Menschen zum Herrn zu beten* (1. Mose 4,26).
- Als Elia Gott brauchte, um falsche Propheten zu besiegen: *Dann ruft ihr, die Propheten Baals, euren Gott an, ich aber werde zum Herrn beten. Der Gott nun, der mit Feuer antwortet, der ist der wahre Gott* (1. Könige 18,24).

- Eine alltägliche Bitte um Hilfe: *Ich schrie zum Herrn, als ich nicht mehr aus noch ein wusste, und er half mir aus meiner Not* (Psalm 120,1).
- Wenn Menschen beginnen, Jesus Christus zu vertrauen und Christen zu werden: *Denn jeder, der den Namen des Herrn anruft, wird gerettet werden* (Römer 10,13).

„Anrufen" heißt hier, ihr Anliegen zu formulieren. Im Gebet drückt sich deine Abhängigkeit von Gott aus. In Matthäus 18,19-20 verspricht Jesus, in besonderer Weise anwesend zu sein, wenn Gläubige miteinander beten.

Gott gebraucht deine Freunde, um durch deren Gebet all das zu bewirken, was er für dich vorgesehen hat. Deshalb ist die Freundschaft mit anderen Christen doppelt wichtig!

Gemeinsam Gottes Plan ergreifen

Ohne Zweifel ist es Gottes Wille, dass du mit anderen Christen Zeit verbringst und mit ihnen betest. Du kannst für alles Mögliche beten, natürlich auch dafür, dass Gott dir hilft, seinen Plan für dein Leben zu entdecken. Es ist Gottes ausdrücklicher Wille, dass du niemals mit dem Beten aufhörst!

Erinnerst du dich noch an das Vier-Punkte-Programm, mit dessen Hilfe du Gottes Plan für dein Leben entdecken kannst? Der erste Schritt in diesem Programm ist der Griff zu deiner Bibel. Du solltest dich fragen: Welche Aussagen Gottes gelten für alle Menschen? Und was sagt Gott mir damit über meine persönliche Situation? Suche nach Bibelstellen, die dir Antworten geben, und übertrage diese Antworten anschließend auf dein Leben.

Der zweite Schritt ist das Gebet. Gott möchte, dass du

ihn um Weisheit bittest. Damit erkennst du ihn als Herrn deines Lebens und als Herrn deiner jeweiligen Lebenssituation an. Im Gebet kannst du ihm dein Herz ausschütten, ihm deine Dankbarkeit ausdrücken und ihn um seine Führung bitten – er wartet schon sehnsüchtig darauf, dir diese Bitte zu erfüllen!

Das wirklich Tolle aber ist: Du musst nicht alleine beten!

Schreib alle Dinge auf, die du mit Gottes Hilfe klären willst und dann bete dafür – natürlich auch allein. Aber es ist eine große Hilfe, wenn du jemanden findest, der mit dir betet. Bete mit einem Freund, deinem Vater, deiner Mutter, deiner Schwester oder deinem Bruder, vielleicht nur vier oder fünf Minuten am Tag. Du musst dich nur dazu überwinden zu sagen: „Ich möchte wissen, was in dieser Sache Gottes Wille für mich ist. Kannst du mit mir zusammen dafür beten?" Du wirst erstaunt sein, was Gott dir alles zeigt, wenn du ihn nur darum bittest!

In Apostelgeschichte 13,2-3 findest du ein gutes Beispiel für die Bitte um Gottes Führung. Als die ersten Christen Gott um Rat baten, offenbarte er ihnen seinen Willen und jeder wusste genau, was zu tun war. Gott hat uns das Gebet als ein großartiges Geschenk gegeben, damit wir seinen Willen erkennen können.

Gemeinsam Gottes Plan in Anspruch nehmen

Es ist ein Privileg, wenn wir an Wendepunkten unseres Lebens gemeinsam mit anderen Christen beten können.

Die Zeit am Kreuz war für Jesus der Moment der größten Einsamkeit und Verlassenheit. Als er in der Nacht vor der Kreuzigung an die physischen und psychischen Qualen dachte, die ihm bevorstanden, erbebte er im Gebet.

Erinnerst du dich an das, was im Garten Gethsemane geschah? Jesus bereitete sich innerlich auf die Kreuzigung vor und schrie: *Wenn es möglich ist, so lass diesen Kelch an mir vorübergehen. Bewahre mich vor dem Kreuz, aber nicht mein, sondern dein Wille geschehe.* Es war ihm wichtiger, Gottes Willen zu tun, als von Leiden und Schmerzen verschont zu bleiben.

Aber woher wusste Jesus, was Gottes Wille war? Durch sein Gebet.

Er war bis zum Äußersten bereit, den Willen seines Vaters zu tun und kämpfte, bis er Blut schwitzte (Lukas 22,44). Sicher hätte Jesus gerne Freunde gehabt, die ihn im Gebet unterstützen. Vielleicht erinnerst du dich daran, dass er seine engsten Freunde fragte, ob sie mit ihm beten würden – aber sie schliefen ein (Matthäus 26,36-45).

Doch du hast die Möglichkeit, deinen Freunden beizustehen, wenn sie eine schwere Zeit durchleben und Gottes Willen erkennen wollen. Am besten fängst du damit an, dass du erst einmal selbst Gott darum bittest, dir im Gebet seinen Plan zu erkennen zu geben. Dann betest du für diese Dinge. Du wirst lernen, im Gebet ausdauernd zu sein und so lange zu beten, bis Gott entweder dein Gebet erhört oder dir klarmacht, dass seine Pläne anders aussehen. Du kannst ihn um Gesundheit bitten, für Beziehungen, die Schule oder deine Ausbildung, Familienstreitigkeiten, Geld für dringende Bedürfnisse, Freizeit oder Wachstum im Glauben. Du kannst für jeden deiner Herzenswünsche beten, solange sie mit seinen Wünschen übereinstimmen.

Wo finde ich solche Freunde?

Vielleicht denkst du jetzt: „Das klingt ja alles ganz toll, aber ich kenne nun mal niemanden, der so ist. Es gibt keine 2.-Timotheus-2,22-Freunde in meinem Leben. Ich habe es ja versucht, aber es hat nicht geklappt."

Für diesen Schmerz gibt es keine einfachen Antworten. Aber eins kannst du sicher wissen: Gott kennt dein Problem und wird mit dir daran arbeiten, um es zu lösen.

„Als ich anfing zu studieren, zog ich mit einem Mädchen in eine WG, die kurz darauf Christ wurde", erzählt Theresa. „Ich dachte mir, he, das war ja wirklich ganz einfach, das probiere ich im nächsten Jahr wieder. Ich wechselte also den Studienort, ließ es darauf ankommen und zog wieder mit einem fremden Mädchen zusammen. Aber dieses Mal wollte meine Mitbewohnerin überhaupt nichts von Gott wissen. Nach einem halben Jahr war ich richtig ausgehungert nach Kontakten mit Christen. Also zog ich noch mal um in ein kleines Haus, in dem nur Christen wohnten. Wir verstanden uns zwar nicht auf Anhieb, wie ich es gehofft hatte, aber inzwischen wusste ich, dass ich zum Überleben die Nähe von Christen brauche, die meine Überzeugungen teilen."

Manchmal ist es ganz einfach, christliche Freunde zu finden. So ging es Theresa in ihrem ersten Jahr an der Uni. Aber manchmal ist es auch sehr schwierig, und das sind die Zeiten, in denen du lernst, dich an Gott festzuhalten. Im 73. Psalm klagt David Gott seine Einsamkeit, aber kommt zu folgender Erkenntnis: *Herr, wenn ich nur dich habe, bedeuten mir Himmel und Erde nichts. Selbst wenn alle meine Kräfte schwinden und ich umkomme, so bist du doch, Gott, allezeit meine Stärke, ja, du bist alles, was ich habe* (Psalm 73,25-26). Gott ist selbst in Zeiten der scheinbar unendlichen Einsamkeit für dich da. Das durfte auch Jesus im Garten Gethsemane erleben, als seine Freunde schliefen!

Wenn du dich an Gott freust, *wird er dir geben, was dein Herz sich wünscht* – vor allem, wenn es dabei um christliche Freunde geht!

Gott möchte nicht, dass du deinen Glauben nur für dich alleine lebst. Als sich der Prophet Elia beschwerte, dass er der letzte Gläubige in Israel sei und man ihn umbringen wolle, tröstete Gott ihn. Er erinnerte ihn an Folgendes: *Elia, es sind noch 7000 Menschen in Israel, die nicht vor Baal auf die Knie gefallen sind und seine Statue nicht geküsst haben* (Vers 18 aus 1. Könige 19,1-18). Unmittelbar danach schickte er Elisa zu ihm, der ihm half und später seine Aufgaben als Prophet übernahm.

Bitte Gott darum, dass er dir ein paar dieser 7000 echten Christen zeigt, wenn du dich einsam fühlst und Nähe brauchst! Und bitte ihn darum, dass er dir hilft, 2.-Timotheus-2,22-Freunde zu finden. Dann wird er dir den Mut und die Entschlossenheit geben, um auf andere Christen zuzugehen, und die Zeit, um die neu entstehenden Freundschaften zu pflegen.

Auf diese Art kommst du zu den doppelt wichtigen Freunden in deinem Leben!

Kapitel 5

Ich wünsche mir einen sinnvollen Beruf

Stell dir dein Leben in ein paar Jahrzehnten vor. Du sitzt an deinem Arbeitsplatz und schaust auf die Zeiger deiner Uhr, die sich in Zeitlupe zu bewegen scheinen. Eigentlich hast du ja gedacht, wenn du erst mal mit der Schule fertig wärst, hätte dieses Auf-die-Uhr-Starren ein Ende. Fehlanzeige!

Plötzlich bist du 35 oder 40 und wirst deinem Vater oder deiner Mutter immer ähnlicher. Auch die 50 rückt schon bedrohlich näher und du fragst dich, wie die Zeit so schnell vergehen konnte. Gleichzeitig wird dir mulmig bei dem Gedanken, noch weitere 20 oder 30 Jahre auf die Uhr an der Wand deines winzigen Büros starren zu müssen.

Das Geräusch einer zuschlagenden Tür lässt dich auffahren. Es ist 17 Uhr 45 und dein Chef verlässt das Büro, sodass du endlich auch nach Hause gehen kannst. Das ist der Moment, in dem du alles hinter dir lässt – zumindest bis zum nächsten Morgen.

36 Millionen Sekunden deines Lebens

Es gab einmal einen TV-Werbespot über Drogenmissbrauch, in dem darauf hingewiesen wurde, dass niemand aufwächst und damit rechnet, einmal drogenabhängig zu werden. Ebenso denkt jeder Teenager, dass er einmal einen interessanten Beruf haben wird, in dem niemals Langeweile aufkommt. Wenn du die Lebensarbeitszeit eines Acht-Stunden-Tages zusammenrechnest, kommst du auf über 36 Millionen Sekunden zwischen deinem 20. und deinem 65. Lebensjahr. Dabei spielt es keine Rolle, ob du eine „normale" Arbeit hast oder selbstständig bist oder Kinder versorgst.

Wenn du nicht wirklich begeistert bist von dem, was du tust, wirst du viele, viele Minuten mit dem Blick auf die Uhr verbringen. Die Arbeit kann zu einem Fluch werden, wenn du mit deinen Aufgaben unzufrieden bist. Vielleicht endest du als Arbeitsbiene in der Wabe eines Bürohaus-Bienenstocks oder du steckst jahrelang Teil A in Teil B, bis du durch Stress-Symptome arbeitsunfähig wirst und anfängst, Selbstgespräche zu führen.

Wahrscheinlich hast du die Hoffnung, einmal Fußballer oder Ballerina zu werden, inzwischen begraben. Möglicherweise hast du noch nicht die geringste Ahnung, was du mit deinem Leben überhaupt anfangen willst. Vielleicht geht es dir aber auch wie vielen anderen Jugendlichen und du hast durch Praktika oder Aushilfs-Jobs schon einen ersten Eindruck von der Arbeitswelt bekommen. Auf alle Fälle willst du die 36 Millionen Sekunden deines Arbeitslebens so angenehm wie möglich gestalten, oder? Ich kann mir vorstellen, dass dir das wichtig ist.

Wer ist hier der Boss?

Während du dich über verschiedene Berufe informierst, Eignungstests machst und Unis prüfst, kommst du sicher nicht auf den Gedanken, dass du dich in deinem Arbeitsleben einmal entsetzlich langweilen könntest. Die Frage: „Womit könnte ich mein Leben verschwenden? Wie könnte ich mir die Zukunft verbauen? Welcher Beruf ist eine echte Falle fürs Leben?“, stellt sich dir sicher nicht. Du denkst natürlich über das nach, was du gerne tun würdest!

Manche Christen glauben, dass Gott mit Absicht Menschen zu einer Arbeit beruft, die sie nicht mögen oder für die sie nicht geeignet sind, damit sie echtes Dienen lernen. Aber ich denke nicht, dass Gott ihnen auf *diese* Weise ihren Platz im Leben zeigen will.

Es ist bestimmt sinnvoll, wenn du rechtzeitig damit anfängst, dich zu fragen: „Was tue ich wirklich gern?“ Aber eine noch grundsätzlichere Frage für dein späteres Berufsleben ist: „Wen will ich zum Chef haben?“ Früher oder später wirst du auf irgendeine Art und Weise berufstätig sein. Und wenn du schon 36 Millionen wertvolle Sekunden deines Lebens mit Arbeit zubringen wirst, sollte dann nicht wenigstens dein Chef absolute Spitze sein?

Vielleicht steckst du gerade noch bis zum Hals in Hausaufgaben, doch unter Umständen wirst du schon bald Hähnchen braten, Hotelwäsche sortieren, Chef einer Firma sein oder Bundeskanzler werden. Aber ganz gleich, was du tust, du kannst immer den besten Chef der Welt haben, denn du kannst für Gott selbst arbeiten. In Kolosser 3,23 heißt es: *Denkt bei allem daran, dass ihr für Gott und nicht für die Menschen arbeitet.*

Wenn du dich dazu entschließt, Gott als deinen eigentlichen Arbeitgeber zu betrachten, dann ist es nicht mehr so wichtig, *was* du tust, sondern vor allem, *für wen* du es tust. Mit Gottes Hilfe kann jede Tätigkeit mehr werden als nur ein „Job"!

Kosmische Karriere-Planung

Was auch immer du einmal tun wirst, du kannst sicher sein, es *ist* bedeutsam. Gott denkt wie jeder gute Chef: Er weiß, dass jeder einzelne Mitarbeiter für das ganze Unternehmen von Bedeutung ist. Deshalb hat auch jede Minute deines Arbeitslebens einen Sinn, wenn du für Gott arbeitest!

Aber Gott weiß auch um den „Fluch der Arbeit". Sie ist ein Teil der Strafe, die Gott den Menschen auferlegte, als sie sich von ihm entfernten und zu Sündern wurden. Ganz am Anfang der Bibel lesen wir, dass Gott Adam und Eva den Garten Eden gab. Aber als sie Gott ungehorsam wurden und vom verbotenen Baum der Erkenntnis aßen, zwang er sie, den Garten zu verlassen. Von nun an konnten sie nicht mehr wie bisher ihre Nahrung von den Bäumen und Sträuchern des Gartens pflücken, sondern sie mussten anfangen, den Boden zu bearbeiten, damit etwas wuchs. Gott sagte zu Adam: *Deshalb soll der Ackerboden verflucht sein! Dein ganzes Leben lang wirst du dich abmühen, um dich von seinem Ertrag zu ernähren. Du bist auf ihn angewiesen, um etwas zu essen zu haben, aber er wird immer wieder mit Dornen und Disteln übersät sein. Du wirst dir dein Brot mit Schweiß verdienen müssen, bis du stirbst* (1. Mose 3,17-19).

Das klingt wie einer der Arbeitstage, auf die man auch verzichten könnte, oder? Aber für Christen ist der Fluch der Arbeit nicht das Ende der Geschichte. Im Epheserbrief heißt es: *Denn durch seine unverdiente Güte seid ihr vom Tod errettet worden. Ihr habt sie erfahren, weil ihr an*

Jesus Christus glaubt. Aber selbst dieser Glaube ist ein Geschenk Gottes und nicht euer eigenes Werk. Durch eigene Leistungen kann man bei Gott nichts erreichen. Deshalb kann sich niemand etwas auf seine guten Taten einbilden. Gott hat etwas aus uns gemacht: Wir sind sein Werk, durch Jesus Christus neu geschaffen, um Gutes zu tun. Damit erfüllen wir nur, was Gott schon immer mit uns vorhatte (Epheser 2,8-10). Du bist das „Werk" Gottes, wörtlich übersetzt sogar sein „Gedicht" oder „Kunstwerk". Er hat dein Leben im Voraus geplant – ein Leben, das du nutzen solltest, um Gutes zu tun und nach Gottes Willen zu leben!

Die Bibelstelle, die du eben gelesen hast, hebt besonders hervor, was Gott durch Jesus Christus getan hat, um dich zu retten. Aber sie bezieht sich auch auf dein ganzes Leben, einschließlich der 36 Millionen Sekunden Arbeit, die so fürchterlich langweilig werden können. Gott bietet dir in seiner Gnade an, eine Beziehung zu ihm aufzubauen und indem du an ihn glaubst, nimmst du sein Angebot an. Er belohnt damit aber nicht das Gute, das du in deinem Leben vielleicht schon getan hast, sondern er macht dir ein Geschenk. Du selbst kannst nichts dazu beitragen, außer dich beschenken zu lassen! Nur durch Jesus Christus kannst du ein Kind Gottes werden und Zugang zu all den wunderbaren Dingen haben, die er für dich bereithält.

Und denk daran: Um Gottes Karriereplanung für dich in Anspruch zu nehmen, musst du bereit sein, dorthin zu gehen, wohin er dich führt!

Aber wird Gott mich dann nicht zum Missionar machen?

Inzwischen weißt du ja, dass deine Träume sich nur dann erfüllen werden, wenn du deine Zuversicht in Gott setzt.

Dennoch zögerst du vielleicht, auch deine berufliche Zukunft in Gottes Hände zu legen. Du willst ihm nur ungern einen so wichtigen Bereich deines Lebens anvertrauen. Und dir ist auch nicht ganz wohl dabei, ihn über dein Gehalt entscheiden zu lassen.

Viele junge Christen fürchten, dass Gott sie in den vollzeitlichen Dienst, also zum Pastor oder zum Missionar berufen will. Mit Sommerkonferenzen, Missionsprojekten und Wochenendeinsätzen haben sie kein Problem. Aber eine „Karriere" in der Mission? Nein, danke!

Was auch immer Gott mit dir vorhat – nur keine Angst! Gott ist der Herr, und er hat das Recht, alles von dir zu fordern, was seinem Willen und seinem Plan für dein Leben entspricht. Doch du kannst dir sicher sein, dass er dir auch die Kraft dazu gibt, die Aufgabe zu bewältigen, die er für dich bereithält. Vor allem aber beruft er Menschen nicht nur zu Pastoren oder zu Missionaren, sondern zu allen erdenklichen Berufen! Und er gebraucht deinen eigenen Willen, um dich zu führen. Du wirst sehen: Du wirst selbst ganz dringend wollen, wozu er dich beruft. Es sieht Gott außerdem gar nicht ähnlich, dich in eine Richtung zu zwingen, die dir absolut widerstrebt. Er wird dich nicht gegen deinen Willen in den vollzeitlichen christlichen Dienst zerren! Deshalb sagt er auch nicht: „Ich werde dich dorthin schicken, wo du garantiert nicht hin möchtest", sondern er fragt: „Wen soll ich schicken? Wer wird gehen?" (Jesaja 6,8)

Mach dich auf den Weg

Auch wenn du dich entschlossen hast, alle 36 Millionen Sekunden deines Arbeitslebens unter Gottes Führung zu stellen, bleibt die Frage nach dem richtigen Weg. Gott hat eine Menge dazu zu sagen, wie er sich das Arbeiten in seinem Sinn vorstellt – ganz gleich, ob es sich um deinen ersten Ferienjob handelt oder um deine erste feste Stelle.

Gottes Grundaussage zum Thema Arbeit hast du bereits gelesen. In Kolosser 3,23 heißt es: *Denkt bei allem daran, dass ihr für Gott und nicht für die Menschen arbeitet.* Dabei ist es ganz egal, ob es um Hausaufgaben, Ferienjobs oder den „richtigen" Beruf geht!

1. Schritt: Sieh dir an, was Gott über die Arbeit sagt

Gott erwartet in jeder Sekunde, die wir mit Arbeit verbringen, Folgendes:

Ehrlichkeit. In Amos 8,5-6 verurteilt Gott unaufrichtige Händler: *„. . . Dann verkleinern wir das Getreidemaß und machen die Gewichte auf der Waage schwerer, wo die Käufer ihr Silbergeld abwiegen. Auch die Waage selbst stellen wir falsch ein. Bestimmt können wir sogar noch den Getreideabfall verkaufen!" Ihr macht die Armen schon zu Sklaven, wenn sie euch nur ein paar Schuhe nicht bezahlen können.* Falls du noch Zweifel haben solltest: Drogendealer, betrügerische Geschäftsmänner oder unaufrichtige Anwälte sind mit Sicherheit nicht Teil von Gottes Plan.

Fleiß. In Sprüche 13,4 heißt es: *Der Faulpelz will zwar viel, erreicht aber nichts; der Fleißige bekommt, was er sich wünscht, im Überfluss.*

Tüchtigkeit. Mit Epheser 5,16-17 kannst du deinen Tag planen: *Mache das Beste aus jeder Gelegenheit, bei der du Gutes tun kannst in diesen bösen Zeiten. Sei nicht gedankenlos, sondern versuche zu verstehen, was der Auftrag des Herrn für dich ist.*

Finanzielle Unabhängigkeit. Manchen Jugendlichen gelingt es, irgendwann im Alter zwischen 16 und 19 von ihren Eltern finanziell unabhängig zu werden. Andere sind wesentlich länger auf die Unterstützung ihrer Eltern angewiesen. Ungeachtet der Regeln, die in deiner Familie gelten – von einem Erwachsenen erwartet Gott, dass er selbst für seinen Lebensunterhalt sorgt: *Wer nicht arbeiten will, der soll auch nicht essen* (2. Thessalonicher 3,10).

Bescheidenheit. Was dich zu einer guten Leistung anspornt, sollte nicht nur der Verdienst sein. In Kolosser 3,5 wird die Habgier „Götzendienst" genannt. Außerdem sagt die Bibel Folgendes zu übertriebener Begeisterung für fette Bankkonten: *Denn alles Böse wächst aus der Habgier. Schon so mancher ist ihr verfallen und hat dadurch seinen Glauben verloren. Wie viel Not und Leid hätte er sich ersparen können!* (1. Timotheus 6,10)

Achtung und Respekt. Deine Arbeitsweise wird mitentscheiden, ob man deinen Glauben achtet oder herabsetzt. Gottes Ziel ist es, dass . . . *die Menschen außerhalb der Gemeinde euch achten und euch vertrauen* (1. Thessalonicher 4,12).

Beständigkeit. Paulus schreibt: *Wer Vorgesetzte hat, der soll sie in jeder Beziehung als solche anerkennen. Und das nicht, um gut bei ihnen angesehen zu sein. Nein, er soll seine Arbeit aufrichtig und in Ehrfurcht vor Gott tun* (Kolosser 3,23).

Die letzte Bibelstelle wendet sich an die Sklaven der damaligen Zeit, die, anders als später die Sklaven in den amerikanischen Südstaaten, eher „Angestellte" waren, die für Kost und Logis arbeiteten.

Gott erwartet, dass wir in unserer Arbeit unser Bestes geben, ganz gleich wie die äußeren Bedingungen sein mögen.

2. Schritt: Überlasse Gott deine Berufswahl

Es war für mich ein riesiger Kampf, als es darum ging, Gott meine Berufswahl zu überlassen. Als mir dann zu Beginn meines Studiums eine Dozentin sagte, dass ich ein „glatter Vierer“ wäre, war ich nur umso entschlossener, ihr und allen anderen das Gegenteil zu beweisen. Deshalb legte ich eine ganze Reihe Ziele für mein Leben fest, zu denen das Jura-Studium und die Arbeit in der Kommunalpolitik gehörten. Innerhalb von etwa 25 Jahren wollte ich Gouverneur von Michigan sein, meinem Heimatstaat.

Nachdem ich Christ geworden war, fragte ich mich dann, ob Gott wohl meine Pläne platzen lassen würde und ich in den geistlichen Dienst gehen müsse. Als es dann aber so weit war und ich sagen konnte: „Gott, was immer du für mich willst, ich bin bereit!“, hatte sich meine Einstellung geändert. Jetzt wollte ich aus freien Stücken in den vollzeitlichen Dienst für Gott gehen!

Vielleicht erwartet Gott von dir, dass du Pilot oder Pianist oder Programmierer wirst. Möglicherweise erwartet er auch, dass du zu Hause bei deinen Kindern bleibst. Aber du wirst keine absolute Gewissheit über deinen Weg haben, bis du zu Gott sagen kannst: „Ich bin bereit, deinen Willen zu tun.“

3. Schritt: Mach dir klar, dass Gott dir deine Begabung geschenkt hat und dass er sie für seine Ziele einsetzen will

Wusstest du, dass alle deine Talente von Gott kommen? Er hat sie dir gegeben und möchte, dass du sie nicht nur für dich selbst, sondern auch für ihn gebrauchst. In 1. Petrus 4,10-11 heißt es: *Jeder soll dem anderen mit der Begabung dienen, die Gott ihm gegeben hat . . . So preisen wir Gott durch Jesus Christus mit allem, was wir sind und haben.*

Diese Bibelstelle spricht zwar von den geistlichen Gaben, aber das Gleiche gilt für alle anderen Begabungen: Gott möchte nicht, dass du verschwendest, was er dir gegeben hat.

4. Schritt: Folge dem 4-Schritte-Programm

Wie immer, wenn du eine bedeutende Entscheidung treffen musst, wirst du den Willen Gottes nicht nur aufgrund eines einzigen Hinweises erkennen. Du wirst das gesamte 4-Schritte-Programm brauchen, über das wir bereits gesprochen haben. Die Aussagen der *Bibel* stellen die Rahmenbedingungen für Gottes Willen dar. Das *Gebet* ist eine Einladung an Gott, dir seinen Willen deutlich zu machen. Wenn es um etwas so Entscheidendes wie die Berufswahl geht, ist natürlich auch gründliche Beratung besonders wichtig. Deshalb ist *Beratung* der dritte Schritt, um Klarheit zu bekommen. Und nicht zuletzt helfen dir auch deine *Lebensumstände* – durch Türen, die sich öffnen oder schließen –, Gottes Führung zu erkennen. Mehr darüber findest du im nächsten Kapitel.

Ein guter Ratgeber bringt dich voran. In Sprüche 19,20 heißt es: *Höre auf guten Rat, und nimm Ermahnung an, damit du endlich weise wirst.* Sprüche 15,22 ergänzt: *Ohne Ratgeber sind Pläne zum Scheitern verurteilt; aber wo man gemeinsam überlegt, hat man Erfolg.* Wenn du Rat suchst, brauchst du jemanden, der mehr weiß als du selbst. Es genügt nicht, nur deine eigene Meinung bestätigt zu bekommen. Schließlich willst du den Willen Gottes erkennen! Die besten Berater sind die, die dir *nicht* sagen, was du tun sollst, obwohl du dir das vielleicht wünschst. Sie helfen dir vielmehr, alle Möglichkeiten zu durchdenken, damit du eine eigene Entscheidung treffen kannst. Wenn du einen Entschluss gefasst hast, dann bestärken sie dich entweder darin oder sie warnen dich vor seinen Konsequenzen.

Vielleicht denkst du jetzt: „Ich habe es schon mit einem Berater versucht, aber es hat mir nicht viel gebracht.“ Oder: „Ich habe keine Ahnung, wie ich einen guten Berater finden soll.“ Dann solltest du schleunigst weiterlesen!

Warum der Rat von anderen so wichtig ist

Stell dir vor, einige deiner Bergsteiger-Freunde und du haben sich einen besonders schwierigen Felsen vorgenommen. Ein paar deiner Freunde sind am Boden geblieben, um dich von dort zu unterstützen, zu ermutigen und für dich zu beten. So weit sie dazu in der Lage sind, leisten sie dir Beistand auf dem Weg nach oben. Am Ziel warten ebenfalls Helfer auf dich, aber diesmal sind es deine Eltern, ausgebildete Seelsorger oder erfahrene Geschäftsleute. Sie machen dir den Aufstieg um vieles leichter, weil sie schon dort angekommen sind, wo du hin willst. Sie schieben dich nicht von unten an, sondern ergreifen von oben deine Hand und ziehen dich hinauf.

Wenn du dir einen guten Rat geben lässt, profitierst du von anderen Menschen und ihren Erfahrungen. Du erhältst dadurch Zugang zu Weisheiten, die dir selbst noch fehlen.

Der Rat anderer weitet deinen Blick für das, was aus dir werden könnte. Viele Menschen entdecken erst, was in ihnen steckt, wenn sie mit anderen darüber ins Gespräch kommen. Vielleicht bist du total begeistert von einem bestimmten Beruf – dann kannst du gemeinsam mit anderen besser abwägen, ob deine Begabungen diesem Beruf entsprechen.

Der Rat anderer wirkt ausgleichend. Manchmal lassen wir uns bei einer Entscheidung so sehr von unseren Gefühlen beeinflussen, dass wir den Blick für den Willen Gottes verlieren. Eingehende Beratung kann uns helfen, die Dinge objektiv zu betrachten.

Der Rat anderer führt zu Einsichten, die dir noch fehlen. Als Schüler oder Berufsanfänger hattest du es bisher nur mit einem oder zwei Chefs zu tun. Da ist es hilfreich, mit Leuten zu reden, die bereits zehn oder zwanzig Chefs hatten. Oder mit Berufsberatern, die schon Hunderte von Chefs in Aktion gesehen haben. Berater haben das bereits hinter sich, was du gerade vor dir hast: eine Uni aussuchen, eine Ausbildung beginnen, die erste Arbeitsstelle finden usw. Deshalb kannst du mit ihrer Hilfe und ihrer Erfahrung einige Hürden besser überwinden.

Sicher denkst du manchmal, dass du auch ganz gut alleine zurechtkommst. Aber stimmt das denn wirklich? In Sprüche 12,15 heißt es: *Ein Dummkopf weiß immer alles besser, ein Kluger nimmt auch Ratschläge an.* Auch wenn dir deine eigene Sichtweise richtig erscheint, macht es oft einen großen Unterschied, wenn du das Ganze mit den Augen eines älteren, erfahreneren Menschen betrachtest.

Einen guten Berater finden

Die Ratschläge, die man bekommt, sind nicht immer gut, auch wenn sie von überzeugten Christen stammen.

Nathalie erzählte mir: „Einige meiner christlichen Freunde kannten mein Interesse für die Außenmission. Auf ihren Rat hin studierte ich Anthropologie, um später mehr Verständnis für fremde Kulturen zu haben. Aber die Dinge entwickelten sich anders, als ich es erwartete. Nach mehreren Anläufen zur Ausreise in ein Missionsland merkte ich, dass ich auf verschlossene Türen stieß. Stattdessen erkannte ich Gottes Willen darin, andern dabei zu helfen, in die Mission zu gehen. Nach der Geburt meiner Kinder blieb ich dann einige Jahre zu Hause. Seitdem sie in der Schule sind, möchte ich gerne wieder arbeiten, doch mit meiner Ausbildung ist es fast unmöglich, einen Teilzeitjob zu finden. Ich wünsche mir oft, ich hätte damals auch mit anderen Leuten gesprochen. Sie hätten mir vielleicht geraten, etwas zu studieren, was ich hier *und* im Ausland gebrauchen kann. Aber niemand hat mir geholfen, die verschiedenen Möglichkeiten zu durchdenken, und ich selbst war zu jung, um es besser zu wissen."

Auch du kannst ähnlich wie Nathalie vom richtigen Kurs abgebracht werden, wenn deine Berater unerfahren sind. Am besten ist es, wenn du mehrere Ratgeber aus ganz verschiedenen Lebensbereichen hast, deren unterschiedliche Sichtweisen sich ergänzen.

Gleichaltrige Freunde. Freunde können dir dabei helfen, ehrlicher zu dir selbst zu sein. Sie kennen deine Gedanken und Gefühle und sehen dich oft genug in der Schule, bei der Arbeit oder in der Gemeinde, um dein Verhalten beobachten und beurteilen zu können. Aber je näher deine Freunde dir sind, desto schwerer fällt es ihnen, objektiv zu sein. Außerdem kannst du, aller Hilfsbereitschaft zum Trotz, oft von ihnen nicht die Aufrichtigkeit erwarten, die in dieser Lebensphase nötig ist. Dennoch sind ihre Gebete und ihre Unterstützung natürlich von unschätzbarem Wert!

Schule. Die unterschiedlichen Anforderungen der Schule wie Hausaufgaben, Klausuren und Schulprojekte sind ein täglicher Test, der dir Aufschluss über deine Stärken und Schwächen gibt. Lehrer, Berater und Mentoren, die dir in der Schule zur Seite stehen, können dir wichtige Hinweise für deine spätere Berufswahl geben. Aber sie erleben nie den großen Teil deines „Ichs", der außerhalb der Schule existiert. Und wenn sie deine Werte nicht teilen, werden sie wenig Verständnis dafür aufbringen, dass du dein Leben nach Gottes Willen ausrichten möchtest.

Pfarrer oder Pastor. Wahrscheinlich liegt deinem Pastor ebenso viel daran, dass du Gottes Willen für dein Leben erkennst, wie dir selbst. Vielleicht kannst du ihn oder sie bitten, einen Gesprächskreis zu gründen, der „Gottes Willen für unser Leben" zum Thema hat.

Mentoren. Mentoren sind Fachleute, die dich in einem bestimmten Bereich deines Lebens beraten und weiterbilden können. Sie sind nicht wie ein Freund für tägliche Unterstützung und Gebet zuständig, sondern haben Erfahrung auf einem ganz speziellen Gebiet, an der sie dich teilhaben lassen. Auch sie kennen dich, ähnlich wie Lehrer, meist nicht in der Gesamtheit deiner Person. Übrigens: Halte ruhig Ausschau nach Vorbildern, die nicht in deiner Nähe leben. Man kann auch von Leuten, denen man niemals persönlich begegnet ist, eine Menge lernen.

Eltern. Ob du es zugeben willst oder nicht, deine Eltern kennen dich wahrscheinlich besser als jeder andere Mensch. Dabei spielt es noch nicht einmal eine Rolle, ob du dich gut mit ihnen verstehst. Aber es gibt ein Problem: Eltern können wie gute Freunde oft nicht objektiv sein. Vielleicht sehen sie in dir immer noch das Baby, dem sie alles verzeihen, oder den Rebell, der sowieso nichts richtig machen kann. Bitte sie, offen zu dir zu sein, und versuche, ihnen zuzuhören.

Es gibt noch einen anderen wichtigen Punkt zum Thema Eltern, der oft übersehen wird. In Epheser 6,1 heißt es: *Ihr Kinder, gehorcht euren Eltern!* Es entspricht also Gottes Willen, dass junge Menschen ihren Eltern gehorchen. Vielleicht versucht Gott ja auch, durch deine Eltern seinen ganz speziellen Willen für dein Leben deutlich zu machen. Dann wäre es doch schade, wenn du ihm nicht gehorchst und dadurch sein Reden unterbrichst, oder?

Wenn du erst einmal 45 bist, spielen deine Eltern bei deinen Entscheidungen wahrscheinlich keine große Rolle mehr, aber in deiner jetzigen Lebensphase kann ihre Meinung sehr wichtig sein.

„Ich war in der Schule ziemlich gut", erzählt Jenny, „und nach meinem Abschluss wollte ich unbedingt viel reisen und möglichst weit weg. Meine Eltern waren aber der Meinung, es wäre besser, zuerst eine Ausbildung zu machen. Ich hörte auf ihren Rat. Später ergaben sich dann noch genug Gelegenheiten zu reisen, aber in der Zwischenzeit hatte ich mit Gottes Hilfe mehrere Jobs gehabt, die unglaublich interessant waren und die ich ohne eine gute Ausbildung nie bekommen hätte. Mir wird noch im Nachhinein ganz schlecht, wenn ich daran denke, was ich alles verpasst hätte, wenn ich nicht auf meine Eltern gehört hätte."

Vielleicht sind deine Eltern keine Christen. Aber sie kennen sich in der Welt mit Sicherheit ein bisschen besser aus als du und haben dazu auch etwas zu sagen. Vielleicht sind sie sehr beschäftigt. Aber ich kann mir nicht vorstellen, dass sie es ablehnen, ein paar von ihren Lebensweisheiten weiterzugeben, wenn sie darum gebeten werden.

Ratschläge auf dem Prüfstand

Einer meiner Freunde wurde einmal von einem professionellen Jobvermittler zum Essen eingeladen. Der Mann bot ihm eine Position an, in der er innerhalb kurzer Zeit bis zu einer halben Million Gehalt im Jahr hätte verdienen können. Mein Freund war erst Anfang 30 – also ein Traumangebot. Dennoch lehnte er es nach längerer Bedenkzeit ab, obwohl es ihm schwer fiel, denn seine Freunde und seine Frau hatten ihn zurück auf den Boden der Tatsachen gebracht: Sie hatten ihn darauf aufmerksam gemacht, dass die angebotene Position in keinerlei Zusammenhang zu seinen bisherigen Lebensplänen stand.

Deine wichtigsten Ratgeber sollten die Menschen sein, die dich am besten kennen und die das Beste für dich wollen. Aber auch sie sind nicht vollkommen und deshalb solltest du jeden ihrer Ratschläge doppelt und dreifach prüfen. Finde heraus, was die Bibel zu einem bestimmten Thema sagt. Rede mit Gott darüber. Frage mehrere Leute nach ihrer Meinung. Und denk daran: Letztendlich musst du die Entscheidung ganz allein treffen!

Hat du nicht auch den Eindruck, dass du schon eine Menge gelernt hast? Du wendest das 4-Schritte-Programm an, mit dessen Hilfe du Gottes Willen für dein Leben erkennen kannst, und du weißt, dass du dazu die Bibel, Gebet und den Rat anderer Menschen brauchst. Aber es gibt noch mehr zu lernen. Im nächsten Kapitel sehen wir uns deine Lebensumstände an – und wie du dein Leben in vollen Zügen genießen kannst!

Kapitel 6

Ich möchte mein Leben genießen

In den 1870ern arbeiteten viele Wissenschaftler fieberhaft daran, elektrisches Licht herzustellen. Einer von ihnen war Thomas Edison. Auf der Suche nach einem geeigneten Material für den Glühfaden, der in der Glühlampe Licht erzeugt, sobald Strom hindurchfließt, schickte er seine Assistenten bis nach Japan und in das Amazonasgebiet, wo sie mehr als 6.000 Stoffe (darunter Hickoryholz, Zeder, Flachs und Bambus) auf ihre Tauglichkeit überprüften. Nach 1.200 Versuchen und äußerst komplizierten Tests hatte er endlich Erfolg: Im Jahr 1879 schaffte er es, dass eine Glühlampe, bei der er ein verkohltes Stück Baumwollnähgarn als Glühfaden benutzte, zwei Tage lang brannte.

Doch die Glühlampe war nur eines von Edisons 1.093 Patenten. Er erfand unter anderem:

- ✗ Einen automatischen Telegrafenapparat, der senden und empfangen konnte.
- ✗ Einen Sender, der Alexander Bells Telefon brauchbar machte.
- ✗ Ein Grammophon, bei dem er zuerst einen Stanniolzylinder benutzte, später eine Scheibe.

- ✗ Alkalische Batterien – das Ergebnis von Tausenden von Experimenten.
- ✗ Das weltweit erste zentrale Kraftwerk zur Stromerzeugung.
- ✗ Den ersten Filmapparat, der bewegte Bilder erzeugte.
- ✗ Und indem er Grammophon und Filmapparat synchronisierte, erfand er die ersten Tonfilme.

Niemand vor oder nach Thomas Edison hat so viele Erfindungen gemacht. Er erhielt vom amerikanischen Kongress eine Goldmedaille für „die Entwicklung von Erfindungen, die die Zivilisation des vergangenen Jahrhunderts revolutioniert haben".

Edison war eine Leuchte

Wenn dieser geniale Erfinder nicht ein brennendes Verlangen danach gehabt hätte, uns das Leben angenehmer zu machen, würde die Welt heute anders aussehen. Weil ein einziger Mensch daran gearbeitet hat, uns das Leben bequemer zu machen, haben wir Licht, Strom, Musik und Filme. Nicht schlecht, oder?

Hätte es Thomas Edison, Alexander Bell, Carl Friedrich Benz und ein paar andere einfallsreiche Leute nicht gegeben, dann wäre unser Leben noch immer ziemlich primitiv. Wir hätten kein Licht, keine Telefone und keine Autos – nicht den kleinsten Luxus. Deshalb sollten wir diesen Genies dankbar sein!

Vielleicht denkst du jetzt: „Das ist doch alles lange her, aber was ist mit der Gegenwart?" Auch wenn Thomas Edison von seiner Glühbirne und von seinem kratzenden Plattenspieler völlig überwältigt war, sehen deine Träume von einem guten Leben heute sicher ganz anders aus. Du hättest gerne ein Auto, aber ein teures, schnelles Auto, keine Familienkutsche. Du möchtest auch ein eigenes Haus haben, aber ein Haus mit mindestens fünf Zimmern und einem großen Garten, kein Reihenhäuschen. Du hättest gerne genug Geld, um die ganze Welt zu bereisen, aber natürlich nur mit dem eigenen Flugzeug, nicht mit dem Jumbo in der Touristenklasse. An deinem jeweiligen Reiseziel willst du in deinem eigenen Ferienhaus wohnen, nicht in einem Mittelklassehotel. Darüber hinaus brauchst du noch die richtige Freizeitausrüstung: alles vom Schneemobil über verschiedene Sportausrüstungen bis hin zu den neuesten Erzeugnissen der Unterhaltungsindustrie. Dein Koch, dein persönlicher Trainer und dein Stylist sorgen mit gesundem Essen, einem ausgeklügelten Fitness-Programm und der richtigen Kleidung dafür, dass du immer einen guten Eindruck machst. Dann fehlt dir zu deinem Glück eigentlich nur noch eine Yacht. Und ein Zimmermädchen und ein Butler und ein Chauffeur und ein Gärtner und . . .

Die schönen Dinge des Lebens

Uns allen wird durch die gleiche Werbemaschinerie Appetit gemacht, und wir alle haben eine ähnliche Vorstellung davon, wie ein gutes Leben auszusehen hat.

Ich zweifle nicht daran, dass du lieben und geliebt werden willst, dass dir echte Freundschaften wichtig sind und dass du nicht eine Sekunde deines Lebens mit einem langweiligen Job verschwenden willst. Aber aller Wahrscheinlichkeit nach wirst du dein Leben auch genießen wollen, denn schließlich kann kein Mensch immer nur arbeiten, ohne ein bisschen Vergnügen zu haben! Gott hat dich so geschaffen, dass du Pausen brauchst. Sogar er selbst hat eine Pause gemacht, nachdem er die Welt erschaffen hatte (1. Mose 2,2).

Vielleicht wirst du dir nie all den Luxus leisten können, den ich eben aufgezählt habe. So viel zu wollen oder zu haben mag dir sogar „unchristlich“ erscheinen. Du vermutest dass es sich nicht mit Gottes Willen vereinbaren lässt, all die materiellen Dinge anzuhäufen, die du dir wünschst.

Aber die Bibel hat über Geld und weltlichen Besitz eine Menge zu sagen – viel mehr als zu anderen Themen! Sieh dir doch mal die folgenden Bibelstellen genauer an:

Gute Dinge kommen von Gott. Gott hat dich geschaffen, deswegen gehörst du ihm. *Dem Herrn gehört die ganze Welt, und alles, was auf ihr lebt* (Psalm 24,1). *Alles, was gut und vollkommen ist, das kommt von Gott, dem Vater des Lichts* (Jakobus 1,17). Er verspricht . . . *durch Jesus Christus alles zu geben, was ihr zum Leben braucht* (Philipper 4,19). Es ist der *Segen des Herrn,* der Reichtum bringt (Sprüche 10,22).

Gute Dinge sind gut. In 1. Timotheus 6,17 heißt es: *Gott beschenkt uns reich mit allem, was wir brauchen.* Wenn Gott nicht gewollt hätte, dass du Freude am Leben hast, hätte er eine langweilige, hässliche Welt geschaffen. Aber er lässt dich in einer schönen, aufregenden Welt leben, in der du mit Geld eine Menge guter Dinge tun kannst. Du kannst damit Entspannung, Freiheit, Ruhe, Abgeschiedenheit und Bewegungsfreiheit kaufen, ja manchmal sogar Gesundheit. Und du kannst deiner Gemeinde etwas spenden und damit eine Missionarsfamilie bis auf die andere Seite der Erdkugel schicken.

Gute Dinge können kaputtgehen. In der Bibel findest du eine Warnung, die den Wohlstand betrifft: *Den Reichen musst du unbedingt einschärfen, dass sie sich nichts auf ihren irdi-*

schen Besitz einbilden oder ihre Hoffnung auf etwas so Unsicheres wie den Reichtum setzen. Sie sollen vielmehr auf Gott hoffen . . . (1. Timotheus 6,17). Denk daran, dass du nichts mitnehmen kannst, wenn du stirbst (Psalm 49, 16-17).

Gute Dinge können dich daran hindern, Gott nachzufolgen. Wenn sich das, was du besitzt, so vor dir auftürmt, dass du Gott nicht mehr erkennen kannst, dann hast du die Grenzen des Luxus überschritten. Jesus hat gesagt: *Niemand kann gleichzeitig zwei Herren dienen. Wer dem einen richtig dienen will, wird sich um die Wünsche des anderen nicht kümmern können. Genauso wenig könnt ihr zur selben Zeit für Gott und das Geld leben* (Matthäus 6,24). Gott segnet uns vielleicht mit materiellen Dingen. Aber unsere Prioritäten verschieben sich, wenn diese Dinge vor dem Dienst für Gott Vorrang haben. Sie können uns den Blick für Gottes Wahrheit und seinen Willen für unser Leben verstellen. Jesus sagte zum Beispiel, dass es Menschen gibt, vor denen sich die Wahrheit über Gott verbirgt durch . . . *die Sorgen des Alltags, die Verführung durch den Wohlstand und die Jagd nach den Freuden dieses Lebens* (Lukas 8,14).

Obwohl Besitztümer ein Geschenk Gottes sind, können sie von uns Besitz ergreifen. So viel ist klar: Wenn du dir deine Herzenswünsche erfüllen willst, dann musst du das auf Gottes Art und Weise tun. Und das gilt nicht nur für Liebe, Freunde und Karriere, sondern auch für die schönen Dinge des Lebens.

Aber wie kannst du diese Dinge auf Gottes Art und Weise bekommen?

Eine Hand voll Kleingeld

Für Jonathan war jeder Besuch bei seinen Großeltern mit einem Griff in das Glas verbunden, in dem sie ihr Kleingeld aufbewahrten. Dieses Glas hatte eine Öffnung, die gerade groß genug war, um seine Hand dort hineinzustecken und sie voll mit Kleingeld wieder herauszuziehen. Jonathan lief dann anschließend, so schnell er konnte, zum nächsten Spielzeug-Geschäft, um sich etwas aus dem Regal auszusuchen.

Jonathans Großeltern hätten das Glas jedes Mal komplett ausschütten können oder sie hätten ihrem Lieblingsenkel von vornherein zehn Mark in die Hand drücken können. Aber sie wussten, dass das, was er mit einer Hand ergreifen konnte, genau ausreichte, um im Spielzeug-Geschäft seinen Spaß zu haben.

Wenn du deine Freude an Gott hast, wirst du mit genau der richtigen Menge an materiellen Dingen zufrieden sein. Jesus sagt in Matthäus 6,33: *Gebt nur Gott und seiner Sache den ersten Platz in eurem Leben, so wird er euch auch alles geben, was ihr nötig habt.* Wenn Gott und seine Wege in deinem Leben an erster Stelle stehen, kannst du darauf vertrauen, dass er sich um alles Übrige kümmern wird. Das ist sein ausdrücklicher Wille, der auch für dich gilt!

Um zu verstehen, was mit „alles, was ihr nötig habt" gemeint ist, musst du bereits weiter vorn mit dem Lesen beginnen. Jesus spricht dort über das Essen, das Trinken und die Kleidung: *Weshalb macht ihr euch so viele Sorgen um eure Kleidung?*, fragt er, *seht euch die Blumen auf der Wiese an! Sie arbeiten nicht und kümmern sich auch nicht um ihre Kleidung. Doch selbst König Salomo in seiner ganzen Herrlichkeit war lange nicht so prächtig gekleidet wie irgendeine dieser Blumen* (Matthäus 6,28-29).

Jesus will damit sagen: „Wenn Gott schon so gut für

die Blumen sorgt, wird er sich noch unendlich viel mehr um dich kümmern.“ Menschen, die Gott nicht kennen, neigen dazu, sich endlos um ihren Besitz zu sorgen. *Die Heiden laufen all diesen Dingen nach*, sagt Jesus, *euer Vater im Himmel weiß ganz genau, dass ihr das alles braucht* (Matthäus 6,32).

Gottes Versprechen klingt nicht unbedingt nach unermesslichen Reichtümern, aber es klingt auch nicht so, als ob er vorhätte, dich hungern zu lassen. Jesus scheint sich nicht so sehr dafür zu interessieren, was du hast, sondern vielmehr dafür, wie du dazu gekommen bist und wie du damit umgehst.

Wie du kriegst, was du willst

Du bist dir zweifellos darüber im Klaren, dass du nicht stehlen sollst (2. Mose 20,15). Das schließt ein, dass du keine Kleidung in Geschäften mitgehen lässt, keine Software kopierst, CDs brennst oder bei Hausaufgaben und Schularbeiten abschreibst. Gott will nicht, dass du auf diese Weise zu deinen Reichtümern kommst!

Gott ist es sehr wichtig, auf welche Weise du etwas erreichst. Die Bibel macht detaillierte Aussagen darüber, wie sich Geschäftsleute verhalten sollen, wenn sie mit anderen verhandeln und Dinge verkaufen. Sie verurteilt Betrug (Amos 8,5), Unterdrückung der Armen (Sprüche 22,16), Neid auf das, was andere haben (2. Mose 20,17) und Wucher (Sprüche 28,8).

Gott ist es sehr wichtig, dass wir uns daran erinnern, woher wir unseren Besitz haben. Wir müssen deshalb nicht etwa die Quittungen aufheben, um nachweisen zu können, wo wir etwas gekauft haben. Aber Gott möchte uns daran erinnern, dass er die Quelle für alles ist, was wir haben. Manchen von uns hat er Gaben mitgegeben, mit denen sie eine Menge Geld verdienen können. Er hat eine ganze Welt voller schöner Dinge geschaffen, und deshalb kann es auch nicht grundsätzlich falsch sein, diese Dinge zu wollen und Freude daran zu haben. Probleme entstehen nur dann, wenn wir unser Leben von den Dingen abhängig machen, die Gott geschaffen hat, statt von ihm, dem Schöpfer selbst (Römer 1,25). Die Bibel spottet über Menschen, die Gold und Silber schmelzen, um kleine Statuen zu erschaffen, die sie anbeten können (Jesaja 40,19-20). Wir schmelzen vielleicht kein Metall, um einen Götzen daraus zu machen – aber was ist mit einem Hobby oder einem Auto oder einem vollen Kleiderschrank, der mehr Aufmerksamkeit bekommt als Gott?

Gott ist es sehr wichtig, wie wir mit unserem Besitz umgehen. Erinnere dich an die Stelle aus 1. Timotheus 6: Gott hat die Welt geschaffen, damit wir Freude daran haben, aber wir sollen uns nichts auf unseren irdischen Besitz einbilden. Er möchte, dass wir freigiebig sind mit dem, was wir besitzen. In 1. Timotheus 6,18 heißt es: *Sage ihnen, dass sie Gutes tun sollen und gern von ihrem Reichtum abgeben, um anderen zu helfen. So werden sie wirklich reich sein.*

Du kannst natürlich nicht voraussehen, wie viel Reichtum Gott für dich vorgesehen hat und was er dir alles in die Hand geben will. Aber dieser Vers sagt deutlich, dass du das Wichtigste nicht aus den Augen verlieren solltest: Die Bereitschaft, den Reichtum, den Gott dir gegeben hat, mit anderen zu teilen.

Gottes deutliches Zeichen

Wir haben schon darüber gesprochen, wie das Wort Gottes, Gebet und der Rat anderer Menschen dir helfen können, Gottes Willen für dein Leben zu erkennen. Hier ist nun der vierte und letzte Teil des Vier-Schritte-Programms: die Bewertung deiner Lebensumstände.

Du hast Wünsche und ein starkes Verlangen nach manchen Dingen, von denen du nicht weißt, wie du sie erreichen sollst. Und wieder sind wir bei den uns bereits bekannten Fragen angekommen: „Will Gott, das ich *diese oder jene Sache besitze?* Soll ich *tatsächlich in diese Richtung gehen*? Sollte ich *jene besondere Aufgabe wirklich versuchen?*"

Wenn du deine Lebensumstände eingehend betrachtest, wirst du eine ganze Menge über den Willen Gottes für die Einzelheiten deines Lebens erfahren. Warum das so ist, will ich dir im Folgenden erklären. So ähnelt dein ganzes Leben Jonathans Kleingeldglas vom Anfang dieses Kapitels. Nach und nach entdeckst du Gottes Willen für dein Leben, indem dir deine Lebensumstände deutlich machen, was Gott in Zukunft mit dir vorhat. Wenn du also im Begriff bist, etwas festzuhalten, merkst du häufig ziemlich schnell, was passieren wird. Es ist dann wie bei dem Kleingeld, das du im Glas mit deiner Hand fest umklammert hältst. Doch sobald du sie mitsamt dem Geld aus dem Glas ziehen willst, siehst du, was das Ergebnis dieser Aktion war. Das gilt auch für so wichtige oder unwichtige Dinge wie die folgenden:

- ✗ Hast du an der Uni deiner Wahl einen Studienplatz bekommen?
- ✗ Hast du den Aushilfs-Job bekommen, um den du dich beworben hattest?
- ✗ Hält das Klebeband, mit dem du den Auspuff deines

Autos „repariert" hast, oder hört ab morgen die ganze Straße, wo du entlangfährst?

- ✗ Wird dein Freund ans Telefon gehen, wenn du ihn im letzten Moment zu einem Kinobesuch überreden willst?
- ✗ Wird sie „Ja" sagen, wenn du deine Freundin fragen wirst, ob sie dich heiraten will?
- ✗ Werden deine Eltern ihre Meinung ändern, wenn du ihnen deine vielen unterschiedlichen Wünsche vorträgst?
- ✗ Werden deine Zensuren gut genug sein, um schließlich an der Position anlangen zu können, deren Gehalt dir dann letztlich den Erwerb deines Traumhauses ermöglicht?
- ✗ Wird deine Großmutter wieder gesund, wenn du dafür betest?
- ✗ Wird Gott überraschend und auf wundersame Weise alles bereitstellen, was du für dein Leben brauchst?

Manchmal beantwortet Gott ein Bedürfnis sofort, aber nicht selten dauert es auch einige Zeit. Und es kann auch passieren, dass er schlichtweg Nein sagt. Hier ist die Lösung: Du kannst verlangen und träumen, so viel du willst. Und du kannst davon überzeugt sein, dass du Gottes Willen erkannt hast. Aber wenn sich das Erträumte dann nicht irgendwann in deinen Händen befindet, musst du dich früher oder später mit dem Gedanken vertraut machen, dass das Erträumte vielleicht *nicht* Gottes Wille für dein Leben war.

Und genau das könnte ein Zeichen Gottes sein.

Offene Türen – geschlossene Türen

Gott gebraucht unsere vielfältigen Lebensumstände, um uns zu leiten.

Gott ist allmächtig; er hat den allumfassenden Überblick und zwar über das gesamte Universum. Und er kann auf seine Art geschehen lassen, was er will. Manchmal lässt Gott es zu, dass die Dinge anders verlaufen, als wir es von ihm erbeten haben. Der Apostel Paulus gibt uns in seinem Römerbrief ein Beispiel dafür, wie etwas nicht geschah, worum er Gott gebeten hatte. Er schreibt in Kapitel 1, Vers 13: „Ihr könnt euch gar nicht vorstellen, liebe Brüder, wie oft ich schon zu euch kommen wollte. Bis jetzt war das nicht möglich (Luther übersetzte: Ich wurde daran gehindert)." Paulus sagt damit: „Ich habe alles versucht, um zu euch zu kommen, aber Gott hat es verhindert."

Wie wurde also der Wille Gottes im Leben von Paulus erfüllt? Durch die Umstände. In diesem Fall schloss sich eine Tür und so erlebte Paulus Gottes Wegweisung. Paulus hatte schon mehrmals vorgehabt, seine Freunde in Rom zu besuchen. Aber immer wieder hat Gott ihn dadurch geführt, dass er seine Reisepläne immer wieder durch bestimmte Ereignisse verhinderte.

Doch bei dieser Methode, Gottes Willen herauszufinden, ist auch Vorsicht geboten. Deshalb solltest du deine Lebensumstände nie ohne den Rat von anderen, ohne Gebet und ohne das Lesen in Gottes Wort betrachten. Denn man sollte aus besonders schwierigen Umständen nicht unbedingt schließen, dass die Entscheidung für einen bestimmten Weg nicht dem Willen Gottes entspricht.

Nehmen wir einmal an, du hast dich für einen Beruf in der Computerbranche entschieden und möchtest jetzt erfahren, was Gott darüber denkt. Wenn du dich nun an drei Fachhochschulen bewirbst und daraufhin von allen eine Absage bekommst, dann könnte dies eine geschlossene Tür sein und ein Hinweis, dass Gott dir einen ganz anderen Weg zeigen will. Es könnte aber auch sein, dass du nur etwas lauter und ausdauernder an diese Tür klopfen solltest, um sicher zu sein, dass sie auch geschlossen bleibt. Und andersherum bedeutet eine scheinbar weit offene Tür nicht unbedingt, dass du sofort mit fliegenden Fahnen durchlaufen solltest.

Durch offene Türen gehen

Wenn du einmal einen Weile lang dein Leben im Rückblick betrachtest, wirst du feststellen, dass du bereits durch einige offene Türen gegangen bist. Damit meine ich, dass sich die Umstände so entwickelt haben, dass deine Wünsche erfüllt wurden. Es gab aber sicher auch geschlossene Türen – Schwierigkeiten, die den Weg versperrt haben.

Offene Türen sind *deine ganz persönlichen* Möglichkeiten, sie sind die positiven Lichtblicke in einem nicht immer ganz einfachen Alltagsleben. Und sie entstehen, indem du sie entweder selbst initiierst oder sie dir von außen angeboten werden. Es gibt darüber hinaus aber auch noch eine ganz andere Art von offener Tür, die dir vielleicht gar nicht recht bewusst ist: deine Gaben und ungenutzten Fähigkeiten, die noch darauf warten, gelebt zu werden. Dies sind sozusagen deine Werkzeuge, mit denen du Gutes tun kannst, wodurch wiederum letztlich Gottes Wille erfüllt wird. Wenn du also einmal eine Bestandsaufnahme all dieser Fähigkeiten machst, kommst du auch der Frage, welcher Beruf wohl der geeignetste für dich sein könnte, näher.

Die meisten von uns wünschen sich manchmal, aus reichem Hause zu stammen, wo einem das Leben gleich auf einem silbernen Tablett dazu geliefert wird. Aber da kämen alle Schätze nur von außen. Wenn man es aber ganz genau betrachtet, fließt dein eigentlicher Reichtum jedoch aus einer ganz anderen Quelle. Die besten Möglichkeiten liegen nämlich in uns selbst, weil Gott sie einem jedem von uns als Geschenk mit auf den Weg gegeben hat.

Thomas Edison zum Beispiel hatte von Kindheit an große Schwierigkeiten mit seinem Gehör, weshalb er schon nach drei Monaten Schulunterricht von seinem Lehrer als lernbehindert eingestuft wurde. Da seine Familie kein Geld für eine Spezialschule hatte, brachte ihm seine Mutter das Lesen bei und richtete ihm außerdem im Keller ein kleines Labor ein. Edison wusste, dass seine Möglichkeiten nicht aus dem kommen würden, was seine Familie ihm zu bieten hatte, sondern dass Gott ihm einen erfinderischen Geist gegeben hatte.

Du hast die Anlage zu wirklich außergewöhnlichen Fähigkeiten, denn Gott gibt jedem von uns natürliche Talente. Ebenso gibt er uns geistliche Gaben. Zudem hat jeder von uns eine ganz besondere Persönlichkeit, die in das für ihn bestimmte Lebensumfeld passt. Zwar sind unsere Fähigkeiten nicht immer sofort sichtbar, wenn du aber nach und nach deine gottgegebenen Fähigkeiten entdeckst, wirst du erleben, dass du sie auch mehr und mehr gebrauchen kannst. Die folgenden Punkte können dir dabei helfen, auch noch die Gaben zu entdecken, von deren Existenz du womöglich noch gar nichts gewusst hast:

Entdecke deine natürlichen Talente. Was kann ich gut nach Meinung anderer Leute? Was kann ich gut, womit andere Mühe haben? Welche Stärken habe ich in möglichst unterschiedlichen Bereichen, zum Beispiel Organisation, körperliche Kräfte, handwerkliche Fähigkeiten, analytisches Denken, künstlerische oder musische Talente, entspannter Umgang mit anderen Menschen, Leitungsfähigkeiten?

Entdecke deine geistlichen Gaben. Wie hat Gott anderen Menschen durch mich geholfen? Welche Nachrichten oder Begebenheiten bewegen mich zutiefst? Wenn ich etwas über bestimmte Dinge in der Zeitung lese oder in der Schule höre – wo sollte Gott eingreifen? Habe ich bereits an missionarischen Einsätzen teilgenommen? Welche Rolle habe ich dabei gespielt?

Entdecke deine Persönlichkeit. Welches Umfeld in der Schule oder bei der Arbeit entspricht mir am meisten? Bin ich gerne mit Leuten zusammen oder brauche ich viel Zeit für mich alleine? Arbeite ich besser in einer betriebsamen Umgebung oder in der Stille? Habe ich gerne viele Aktivitäten gleichzeitig oder nur ein paar wenige? Habe ich gerne den großen Überblick oder arbeite ich besser mit nur wenigen Details? Ziehe ich es vor, mich auf Leute zu konzentrieren oder auf Dinge und Ideen?

Wenn du mehr darüber hören möchtest, wie Gott uns mithilfe unserer persönlichen Stärken und Interessen führt, kannst du dies in dem Buch „Power Check" von Paul Donders und Michaela Kast nachlesen. Das Buch kann dir dabei helfen, in vielen Lebensbereichen deine Einzigartigkeit zu entdecken und deinen Platz im Leben zu finden.

Vor geschlossenen Türen landen

Geschlossene Türen sind nicht einladend, aber nicht allzu selten zeigen sie uns den Willen Gottes. Manchmal sind sie die negative Antwort auf unsere Fragen bezüglich unserer Zukunft, wie wir bereits weiter oben besprochen haben. Es gibt aber auch geschlossene Türen, die durch unser vergangenes und gegenwärtiges Leben verursacht werden: eine schwierige Kindheit voller Verletzungen durch Eltern oder andere Familienangehörige, familiäre Verpflichtungen, Geldmangel, Benachteiligungen durch die verschiedensten Umstände oder Behinderungen. Und manchmal sind auch wir selbst die Ursache für eine solche geschlossene Tür: unser eigenes Verhalten in der Vergangenheit, Faulheit, Auflehnung gegen unsere Eltern oder andere Autoritätspersonen, eine Schwangerschaft oder Ehe bereits während der Teenagerjahre.

Wenn diese und eine Million andere Schwierigkeiten zwischen uns und unsere Herzenswünsche kommen, woher sollen wir dann wissen, ob wir aufgeben oder dranbleiben sollen? Falls du dich in einer solchen Situation befindest, solltest du dir selbst und Gott folgende drei Fragen stellen:

1. Ist diese besondere Tür geschlossen, weil ich einen Fehler begangen habe?

Im Alten Testament wurde Saul von Gott die Königsherrschaft Israels abgenommen und David gegeben. Warum? „Der Herr straft dich, weil du ihm damals nicht gehorcht hast . . ." (1. Samuel 28,18) Saul hatte ewig König bleiben wollen, aber er und seine Söhne waren am nächsten Tag umgebracht worden. Du und ich sind zwar keine Könige oder Königinnen, aber vielleicht stehen wir vor einer verschlossenen Tür, weil wir uns Dinge wünschen, die uns aus Gottes Sicht nicht gut tun würden.

Wir können Gott bitten, dass er uns zeigt, was ihm in unserem Leben nicht gefällt. So wie David in den Psalmen gefragt hat: „Durchforsche mich, o Gott, und sieh mir ins Herz, prüfe meine Gedanken und Gefühle! Sieh, ob ich in Gefahr bin, dir untreu zu werden, dann hol mich zurück auf den Weg, der zum ewigen Leben führt!“ (Psalm 139,23-24)

Diese Art der geschlossenen Tür kann Gottes deutliches Zeichen sein, dass wir uns außerhalb seiner Grenzen bewegen.

2. Schützt mich die geschlossene Tür vor etwas, was mir schaden könnte?

„Ich hatte den brennenden Wunsch, als Musikerin erfolgreich zu sein“, sagte Monika. „Ich war auf mein Talent unglaublich stolz, obwohl die meisten Menschen mir das vielleicht nicht angemerkt haben. Denn meine Gesangslehrer hatten mir versichert, dass ich das Zeug zum Profi hätte. Aber ich war zu sehr mit mir selbst beschäftigt. Und dann begannen die Dinge sich irgendwie aufzulösen. Was einmal fürchterlich war, ist eigentlich nur zum Guten für mich geworden. Jetzt kann ich sehen, dass Gott mich vor Ungutem bewahrt hat.“

Erinnerst du dich noch an die Wutanfälle des Dreijährigen im ersten Kapitel? Manchmal wollen auch wir ein „Spielzeug“, das uns nur schaden würde. Und Gott ist dann weise genug, es uns nicht zu geben. Dann wirft er uns ein Hindernis in den Weg, das uns bremst, bevor wir uns gefährlich verletzen. *Diese Art der geschlossenen Tür kann Gottes deutliches Zeichen sein, dass wir gerade in eine falsche Richtung gehen.*

3. Kann die Tür noch geöffnet werden oder ist sie unwiderruflich geschlossen?

Wenn du eine Straße entlangfährst und ein Baum liegt quer über dem Weg, dann wirst du wahrscheinlich nicht mehr beschleunigen, um mit noch mehr Wucht gegen dieses Hindernis zu fahren. Wenn du dir dagegen sicher bist, dass du auf dieser Straße weiterfahren willst, dann findest du mit Sicherheit auch einen Weg. Du leihst dir vielleicht eine Kettensäge oder du informierst das Technische Hilfswerk und bittest dessen Mitarbeiter um Hilfe. Doch eins ist klar, du überwindest ein solches Hindernis nicht ohne die Hilfe eines richtigen Werkzeugs.

Weisheit auf der Straße des Lebens bedeutet zu wissen, wann man anhalten muss, um nach neuen Wegen zu suchen, oder wann man Hindernisse überwinden muss. Frag dich doch einmal, welche guten Dinge du dir wünschst. Anschließend fragst du dich dann, wie dringend du diese haben möchtest. Zu guter Letzt solltest du versuchen, dein Hindernis realistisch einzuschätzen und festzustellen, ob Gott es dazu gebraucht, um dich weiser und stärker zu machen.

Oft will Gott uns in solchen Situationen Ausdauer und Geduld lehren. Lies doch einmal, was Sprüche 14,23 dazu sagt: „Wer hart arbeitet, bekommt seinen Lohn – wer allerdings nur dumm schwätzt, wird arm!“ Und Sprüche 21,5: „Was der Fleißige plant, bringt ihm Gewinn; wer aber allzu schnell etwas erreichen will, hat nur Verlust.“

Diese Art der geschlossenen Tür kann Gottes Zeichen sein, dass wir mehr Durchhaltevermögen lernen sollten.

Weisheit für die guten Dinge des Lebens

Wir alle wollen das Gute, das Gott für uns vorbereitet hat, doch auf dem Weg dahin begegnen uns Hindernisse und Gelegenheiten, offene und geschlossene Türen. Hier gilt es also, die feine Kunst der Unterscheidung zu lernen. Noch ein abschließendes Wort über die guten Dinge: Sie sind gut, aber nicht in jedem Fall das Beste. Gottes Wille ist es deshalb, dass du „zuerst ihn und seine Gerechtigkeit suchst“, denn nur dann „wird alles Übrige dazugegeben werden“.

Es ist auf jeden Fall eine Tatsache, dass Gott dir eine schöne Welt gegeben hat, an der du dich erfreuen sollst. Außerdem sollst du alle dir zur Verfügung stehenden Möglichkeiten nutzen, um etwas Gutes mit ihnen anzufangen. Doch über all dem steht als das wertvollste Ziel, dass du Gott kennst und immer besser kennen lernen möchtest. Materielle Dinge sind nicht schlecht, doch du wirst in ihnen nicht die tiefe Zufriedenheit finden, die du suchst. Tatsächlich aber sucht dein Herz nach Gott, denn ihn brauchst du für deine Seele. Hebräer 13,5 drückt es so aus: „Seid nicht hinter dem Geld her, sondern zufrieden mit dem, was ihr habt. Denn Gott hat uns versprochen: Niemals werde ich euch verlassen. Ich werde für euch sorgen, dass es euch an nichts fehlt.“

Kapitel 7

Ich wünsche mir, Gott ganz nah zu sein

„Ich mochte den Jungen, der mich in die Jugendstunde seiner Gemeinde eingeladen hat, wirklich sehr“, erzählte Kathrin, „und das wusste er auch. Ich habe ihm dann gesagt, dass ich bereits ab und zu in die Kirche gehe, und war etwas unschlüssig, ob ich mitgehen sollte. Doch schließlich bin ich doch mitgegangen. Beim ersten Mal kam mir die Gemeinde etwas seltsam vor. Die Musik hat mir zwar gefallen, aber alle haben dauernd von Gott geredet, und die Lieder, die dort gesungen wurden, kannte ich nicht. Um mich herum fingen immer mehr Leute in meinem Alter an zu singen, einige weinten sogar. Viele von ihnen schlossen beim Singen die Augen, als würden sie beten. Offensichtlich war jeder total an Gott interessiert.

Am Ende der Veranstaltung sagte dann der Junge, der mich dorthin mitgenommen hatte, dass ich Jesus brauche“, fuhr Kathrin fort. „Aber das fand ich gar nicht. Mir gefiel mein Leben so, wie es war. Doch dann bekamen plötzlich immer mehr von meinen Freunden echte Probleme. Eine Freundin wurde ungewollt schwanger und ein anderer flog von der Schule. Da fing ich doch an, über mein Leben nachzudenken. Nach einer Weile schien es mir, dass hinter der Sache mit Gott doch mehr steckte, als ich bis dahin gedacht hatte. Vielleicht hatte er wirklich etwas mit der inneren Leere zu tun, die ich in mir spürte. Zu diesem Zeitpunkt habe ich beschlossen, ganz für Gott zu leben. Ich bin immer noch etwas sprachlos über das, was ich da erlebt habe. Denn eigentlich habe ich mir nur einen Freund gewünscht, doch stattdessen habe ich erkannt, wie nahe ich Gott sein kann. Diese Beziehung möchte ich nie mehr missen."

Alle Donuts der Welt

Ich hörte mal von einer christlichen Band, die mit ihrer Musik nicht sonderlich erfolgreich war. Um doch noch mehr Zuhörer anzulocken, hatte einer von ihnen schließlich die Idee, ein großes Tablett mit Donuts vor der Bühne aufzustellen. Doch das war nicht alles, denn sobald die Leute wegen der Donuts nach vorne kamen, redeten die Bandmitglieder mit ihnen über ihren Glauben. Und es dauerte nicht lange, bis sie ein neues Motto hatten: „Sie kamen wegen der Donuts, aber sie blieben für Gott."

Gott ist größer und besser als jeder noch so leckere Donut. Gott hat eine Antwort für all deine Herzenswünsche, seien es coole Freunde, ein interessantes Leben, wahre Liebe, eine sinnvolle Arbeit oder all die guten Dinge, die er zu deiner Freude geschaffen hat. Er weiß am besten, wie deine Bedürfnisse gestillt werden können, denn schließlich hat er dich geschaffen, um zu einer Gemeinschaft zu gehören, Ruhe zu finden, Liebe zu erfahren und Sinnerfüllung und Zufriedenheit zu erleben. Gott ist die Quelle aller Gaben, die du erleben kannst, wenn du „Ja" zu seinem Willen sagst.

Aber Gott hat noch mehr zu geben als all das.

Er will dir nicht nur seine Welt öffnen, er will *sich selbst* geben. Er möchte nicht nur, dass du Freude an seiner Schöpfung hast, sondern *an ihm selbst.*

Das Vakuum in uns

Gott hat dich und mich so geschaffen, dass wir eine enge Beziehung mit ihm erleben können. Und ihm liegt wirklich viel daran, dass wir seine Nähe auch erleben – eine außergewöhnliche Liebesbeziehung mit dem Gott des Universums. Weil wir uns aber entscheiden können, ob wir diese Gemeinschaft haben wollen oder nicht, kann es passieren, dass wir zwar intensiv nach den *guten* Dingen des Lebens forschen, dabei aber das *Beste* verpassen.

Das hat auch Kathrin herausgefunden. Ihr Interesse galt dem tollen Jungen, aber Gott hatte etwas Besseres für sie, als „nur" einen Freund.

Viele Leute, die scheinbar alles besitzen, kommen zu der Erkenntnis, das es mehr im Leben geben muss, als dieses „Alles". Viele kommen zu dem gleichen Ergebnis wie Salomo, der sich tatsächlich vorgenommen hatte, jeden Luxus im Leben auszuprobieren. Als er dann aber diese „Experimente" beendet hatte und alles über Arbeit, Macht, Liebe und Wohlbehagen wusste, machte er eine Bestandsaufnahme seiner Besitztümer und Erfahrungen. Interessanterweise war sein Fazit nicht wilde Begeisterung und volle Befriedigung. Aber lies selber, wie Salomo über all seine Errungenschaften geurteilt hat: „Alles ist vergänglich und vergeblich, nichts hat Bestand, ja, alles ist völlig sinnlos." (Prediger 1,2) Ja, Salomo stöhnte über die Leere, die in einem Menschen entsteht, bei dem Gott nicht mehr der Lebensmittelpunkt ist.

Wir können versuchen, unser Leben auszufüllen – auch

mit Gutem – aber es wird nie wirklich „erfüllt" werden. Ebenso wie Salomo erleben wir das, was jemand das „Gott-förmige" Vakuum genannt hat. Wenn also diese Leere nicht durch Gott ausgefüllt wird, werden wir unweigerlich mit den vergeblichen Versuchen weiterleben, unsere Bedürfnisse zu befriedigen, und volle Zufriedenheit niemals erreichen.

Wenn Gott den rechten Platz in unserem Leben einnimmt, machen unsere Herzenswünsche das Leben lebenswert. Wenn wir Gott jedoch beiseite schieben, werden unsere Wünsche – und auch ihre Erfüllung – zu schnell vergänglichen Genüssen. Was Gott als dauerhafte Erfüllung gedacht hat, wird dann nur zu einem kurzen Moment der Freude, der schnell wieder vergeht.

Den Schatz ausgraben

Die Bibel ist voller Hinweise darauf, wie wichtig es ist, eine tiefe Beziehung zu Gott zu haben. Hier ein paar Beispiele:

Jesus vergleicht die Beziehung zu Gott mit dem Heben eines unermesslich wertvollen Schatzes: „Das Reich Gottes ist wie ein verborgener Schatz, den ein Mann auf einem Feld entdeckte und wieder verbarg. In seiner Freude verkaufte er alles, was er hatte, um den Acker zu kaufen und so den Schatz zu bekommen." (Matthäus 13,44) Verstehst du? Der Mann hat *alles* verkauft, um an den Schatz zu kommen.

Das allererste der Zehn Gebote ist: „Ich bin der Herr, dein Gott, du sollst keine anderen Götter haben neben mir." (2. Mose 20,2-3)

Gott fragt in Jesaja 40,25: „Mit wem wollt ihr mich vergleichen? Wer hält einem Vergleich mit mir stand?“ Gott vergleicht seine Größe mit der Schwäche und Bedeutungslosigkeit all der Dinge und Menschen, die für uns anscheinend einen immens hohen Rang haben.

Paulus war mutig. Er gab zu, dass die Dinge, die er in seinem Leben für wichtig hielt, weniger sind als nichts: „Denn mir ist klar geworden: Gegenüber dem unvergleichlichen Gewinn, dass Jesus Christus mein Herr ist, hat alles andere seinen Wert verloren. Ja, alles andere ist für mich bloß noch Dreck, wenn ich nur Christus habe.“ (Philipper 3,8)

Hast du schon einmal darüber nachgedacht, wie du im Himmel deine Zeit verbringen wirst? Im biblischen Buch der Offenbarung steht dazu Folgendes: „Eine gewaltige Stimme hörte ich vom Thron her rufen: Hier wird Gott mitten unter den Menschen sein! Er wird bei ihnen wohnen, und sie werden sein Volk sein. Ja, von nun an wird Gott selbst als ihr Herr in ihrer Mitte leben.“ (Offenbarung 21,3) Jesus sagte: „Und das allein ist das ewige Leben: Dich, den einen wahren Gott, zu erkennen und an Jesus Christus zu glauben, den du gesandt hast.“ (Johannes 17,3)

Alle guten Dinge im Leben sind nichts im Vergleich zu einem Leben, in dem wir Gott immer besser kennen lernen. In Jeremia 9,23 heißt es: „Nein, Grund zum Stolz hat nur, wer mich erkennt und begreift, dass ich der Herr bin. Ich bin barmherzig und sorge auf der Erde für Recht und Gerechtigkeit. Wer dies verstanden hat, an dem habe ich, der Herr, Gefallen.“

Die Kernaussage

Du wirst nicht nur nach einer bestimmten Philosophie leben oder eine Landkarte kaufen, die dir bei den richtigen oder falschen Entscheidungen auf deinem Lebensweg helfen wird, wenn du Gottes Angebot annimmst. Du beginnst vielmehr eine persönliche Beziehung mit deinem liebevollen Schöpfer, der dich durch und durch kennt und dich vollkommen liebt. Du hast ab diesem Zeitpunkt das Vorrecht, dem König des Universums in all seiner Herrlichkeit zu dienen. Außerdem bist du von da an bis in alle Ewigkeit sein Kind und deine persönliche Beziehung zu ihm setzt in dir alle Möglichkeiten frei, das zu sein, wozu er dich geschaffen hat.

Könntest du ein glücklicheres und erfüllteres Leben führen, wenn du nicht die wichtigste Person deines Lebens kennen und lieben würdest?

Das ist die Art Leben, die ich mir wünsche.

Und ich bin sicher, dass du es dir auch wünschst.

Doch nun zurück zu Kathrin. „Ich weiß noch genau, mein christliches Leben hat sich grundsätzlich verändert, als ich herausfand, was es wirklich bedeutet, Gott zu kennen. Ich habe nicht mehr nur ‚Kirche gespielt' und dadurch festgestellt, welche Vorteile ich als Gläubige habe. Eines der Lieder, die ich in meiner neuen Jugendgruppe gelernt habe, drückt genau aus, was ich empfinde: Das Größte meines Lebens ist dich kennen, Herr."

Komm in seine Nähe und bleib bei ihm

Wenn es dein Herzenswunsch ist, Gott kennen zu lernen, und wenn dies Gottes größtes Geschenk an dich ist, wie kannst du es dann erhalten?

Gottes Wille ist es, dass du ihm *nahe bist*. Sobald das geschehen ist, will Gott, dass du ihm *nahe bleibst*.

Lass uns einmal gemeinsam den ersten Schritt in diese Richtung ansehen. Was meinen wir mit „Gott nahe kommen“?

Nachdem du dieses Buch gelesen hast, weißt du bereits so einiges über Gottes allgemeinen Willen und über seinen speziellen Willen für dein persönliches Leben. Doch was nun kommt, ist so umfassend, dass du es Gottes höchsten Willen nennen kannst. Gottes höchster Wille ist es, dass du und alle Menschen dieser Welt durch Jesus Christus eine Beziehung zu ihm haben. „Denn er will, dass alle Menschen gerettet werden und seine Wahrheit erkennen.“ (1. Timotheus 2,4)

Und wie wichtig ist das tatsächlich? Dies ist die wichtigste und grundlegendste Aussage bezüglich Gottes Willen für jeden Einzelnen von uns. Wenn du also bisher noch nicht Gottes Vergebung und das Angebot seiner Freundschaft in Anspruch genommen hast, dann ist das der wichtigste nächste Schritt, den du gehen solltest. Es ist nicht kompliziert, Gott nahe zu kommen. Man kann einfach damit beginnen, indem du ihm sagst: „Gott, ich weiß, dass ich ein Sünder bin. Ich habe viele Fehler gemacht. Bitte vergib mir. Ich wende mich von meinen Sünden ab und bereue sie. Und ich möchte Jesus vertrauen, der für meine Sünden gestorben ist. Danke für deine Vergebung. Ich setze meinen Glauben in dich und nicht in mich selber. Hilf mir, dir nahe zu sein und dir in allem zu folgen, was ich tue.“

Ich will ehrlich sein. Bis zu dem Zeitpunkt, an dem du diesen ersten Schritt zu Gott hin gehen wirst, wird Gott dir nicht viel mehr sagen. Alles, was wir bis hierher besprochen haben, ist wahr, aber es wird sich für dich nicht viel verändern, wenn du diesen entscheidenden Schritt nicht tust. Wenn du Jesus noch nicht kennst, dann ist es Gottes

Wille für dich, genau in diesem Moment zu ihm zu kommen. Das bedeutet, durch den Opfertod Jesu *Gott nahe zu sein.*

Nahe bei Gott bleiben

Nach dem ersten Schritt, Gott *nahe zu kommen,* besteht der zweite Schritt darin, Gott *nahe zu bleiben.* Wenn du Gottes Willen tust, wirst du Gottes Nähe erfahren. Du und Gott seid dann auf gleicher Wellenlänge, wenn du ihm gehorchst und seinem Willen folgst. Wenn man nun das christliche Leben mit einer Fahrradtour vergleicht, dann ist es nicht so, dass man die Kraft, Gottes Willen zu tun, durch hastiges Atmen und schnelleres Treten erlangt. Doch leider kenne ich viel zu viele Christen, die versuchen, aus eigener Kraft Gott näher zu kommen und geistlich zu wachsen.

Damit meine ich Folgendes: Nehmen wir einmal an, du wärst ein Christ, aber du wärst ausgebrannt und findest den Glauben langweilig. Du erfüllst zwar deine geistlichen Pflichten wie Gebet, Bibelstudium und Evangelisation, aber du willst mit alledem Gott nur etwas beweisen und seine Anerkennung bekommen.

Bei einem solchen Verhalten verpasst du aber eine ganze Menge, denn wenn du zu Gott gehörst, dann sieht er dich jetzt schon als sein ewig liebenswertes Kind. Deshalb könnte auch nichts von dem, was du tust, Gottes Fürsorge für dich noch vergrößern – sie ist bereits allumfassend. Deine Stellung als Kind Gottes kommt ganz allein aus dem, was Jesus Christus bereits für dich getan hat.

Denk bitte einmal darüber nach. Wenn du einem Gott dienst, der dich für liebenswert, wertvoll und fähig hält, kann diese Tatsache dann nicht deine Einstellung in

Bezug auf Gebet und Gehorsam verändern? Du kannst aufhören zu stöhnen: „Ich muss es tun“, und damit anfangen zu denken: „Ich darf.“

Du kannst morgens aufwachen und zum Beispiel sagen: „Herr, ich weiß, du bist auf meiner Seite, weil ich dein Kind bin. Du liebst mich und hast mich angenommen und ich werde leben, um dir dafür zu danken. Ich weiß, dass ich mit dir einen spannenden Tag vor mir habe.“ Das ist um einiges besser, als zu denken: „Herr, du bist den ganzen Tag hinter mir her.“ Oder: „Herr, ich bin dir egal, und du konntest mich schon nicht leiden, als du mich zum ersten Mal gesehen hast.“ Oder: „Herr, ich werde den ganzen Tag damit zubringen, dich zu überzeugen, dass du mich lieben musst.“ Der Unterschied zwischen diesen Lebenseinstellungen bedeutet, in Gottes königlichem Palast als Erbe oder wie ein Sklave zu leben.

Ich kann mich daran erinnern, dass ich ein Jahr, nachdem ich Christ geworden war, eine bewusste Entscheidung traf, Gott nicht nur näher zu kommen, sondern ihm ständig nahe zu sein. Ich wollte Jesus in meinem Leben nicht nur als Retter haben, sondern ich wollte, dass er mein Herr ist. Ich kam zu dem Punkt, wo ich sagte: „Herr, hier ist mein Leben, meine Zukunft mit allen meinen Begrenzungen. Ich gebe dir mein Leben. Nimm es, und tu damit, was du willst.“ Das war der Punkt, an dem ich aufgehört habe zu jammern und angefangen habe zu wachsen.

Wachstumsfugen

Wenn du erst einmal verstanden hast, dass du Gottes geliebtes Kind bist, dann wird er dir auch nach und nach einige Aufgaben stellen. Aber das, was du tust, fängt bei dem an, was du bist. Wenn du also überzeugt bist, Gottes Freund zu sein, der dir vergeben hat, dann kannst du dich auch so verhalten. Denn du kommst Gott nicht etwa dadurch näher, dass du dich *fromm benimmst*. Es geschieht vielmehr dadurch, dass du aus seiner Sicht bereits *heilig bist*.

Dieses Wissen macht es dir letztendlich möglich, geistlich zu wachsen. Hast du gewusst, dass deine Knochen nicht alle gleichzeitig und in gleichem Maße wachsen? Deine Eltern mussten dir zwar für eine gewisse Zeit alle sechs Monate längere Hosen kaufen, aber deine Beinknochen wuchsen nur an bestimmten Stellen, die man Wachstumsfugen nennt. Sie sind der eigentliche Ort, an dem die Veränderung beziehungsweise das Wachstum geschieht.

Geistlich gesehen ist das genau der Platz, an dem wir Menschen uns aufhalten sollten. Hier bekommen wir all das Wissen, das wir brauchen, um Gottes besten Plan für unser Leben kennen zu lernen. Mein Freund David Ferguson sagt, dass jeder Christ in der Lage sein sollte, folgende Frage zu beantworten: „Woran arbeitet Gott momentan bei dir?" Es ist doch spannend zu wissen, was Gott in unserem Leben tun möchte. Denn auf diese Weise bekommen wir hautnah mit, wie Gott an uns arbeitet und in welchen Bereichen wir wachsen.

Die Beziehung zu Gott erneuern

Nicht selten erlebe ich, dass junge Leute nicht wissen, wie sie ihre gestörte Beziehung zu Gott wieder herstellen können, wenn sie einmal versagt haben. Das ist für mich jedes Mal sehr traurig.

Rahel war siebzehn, als sie schwanger wurde. Daraufhin war sie fest davon überzeugt, dass Gott mit ihr für immer fertig war. Sie dachte: „Gott will jetzt bestimmt nichts mehr von mir wissen; ich habe es jetzt für immer mit ihm verdorben. Jeder, einschließlich Gott, hält mich nun für eine Schlampe. Und wenn das so ist, dann kann ich genauso gut auch dementsprechend leben." Rachel war absolut davon überzeugt, dass Gott sie mit ihrem Problem nie wieder als sein Kind annehmen könnte. Jemand müsste ihr also erklären, wie sie Gott wieder nahe kommen konnte.

Erinnerst du dich noch an Adam und Eva im Garten Eden? Von Gott quasi füreinander„handgeschnitzt", also das ideale Liebespaar! Sie lebten in vollkommener Freundschaft miteinander und mit Gott und sie waren sich über Gottes Willen vollkommen im Klaren. Außerdem konnten sie von jedem Baum im Garten essen außer von dem einen Baum der Erkenntnis über Gut und Böse.

„Hmm . . .", dachten sie. „Es ginge uns sicher noch besser, wenn wir von den verbotenen Früchten essen würden." Den Rest kennst du. Sie aßen davon und missachteten damit Gottes Gebot. Sie haben selbst entschieden, was für sie am besten ist, anstatt Gottes Urteil zu vertrauen.

Auf die eine oder andere Weise verhalten wir alle uns genauso. Sünde geschieht dann, wenn wir uns entscheiden, etwas anderes zu tun, als Gott für uns vorgesehen hat. Sünde geschieht, wenn du denkst, dass etwas anderes als das, was Gott für dich vorgesehen hat, der ultimative Kick wäre. Wenn du etwas anderes als Gott zur Nummer eins in deinem Leben machst.

Johannes, der Jünger Jesu, schrieb, dass ewiges Leben bedeutet, alles über Gott zu erfahren. Später in seinem Leben schrieb Johannes auch noch Folgendes: „Meine geliebten Kinder, ich schreibe euch, damit ihr nicht länger sündigt. Sollte aber doch einer Schuld auf sich laden, dann haben wir einen, der selbst ohne jede Sünde ist und beim Vater für uns Sünder eintritt: Jesus Christus. Denn Christus hat unsere Sünden, ja die Sünden der ganzen Welt auf sich genommen; er hat sie gesühnt." (1. Johannesbrief 2,1-2)

Gott weiß, dass niemand von uns seinen Willen vollkommen ausführen kann. Manchmal entscheiden wir uns nicht für das Beste. Wir sündigen und verlassen Gottes Wege. Aber Gott hat für uns eine Möglichkeit geschaffen, zu ihm zurückzukommen. Gott will nicht, dass wir sündigen, denn Sünde bringt unser Leben immer durcheinander. Es schmerzt Gott, verletzt uns selbst und dazu auch noch häufig andere Menschen um uns herum. Aber wenn wir sündigen, hat Gott ein klares Versprechen gegeben: „Wenn wir aber unsere Sünden bereuen und sie bekennen, dann dürfen wir darauf vertrauen, dass Gott seine Zusage treu und gerecht erfüllt: Er wird unsere Sünden vergeben und uns von allem Bösen reinigen." (1. Johannesbrief 1,9)

Rahel war also in der Lage, Gottes Vergebung für sich anzunehmen und damit wieder in seine Nähe zu kommen. Indem sie dies getan hat, konnte sich auch ihr Leben positiv verändern. Sie musste zwar immer noch damit leben, eine sehr junge, ledige Mutter zu sein, aber sie hatte nun Gottes Kraft als Hilfe.

Gottes Wahrheit ist für dich gedacht – und für den Rest der Welt

Ist dir eigentlich bewusst, dass viele Menschen um dich herum fern von Gott leben? Du selbst kennst zwar Jesus als deinen Herrn und Erlöser, aber Gott will nicht, dass du diese gute Nachricht für dich behältst. Über diesen Aspekt von Gottes allgemeinem Willen habe ich bisher noch nicht viel gesprochen. Erinnerst du dich? „Denn er will, dass alle Menschen gerettet werden und seine Wahrheit erkennen." (1. Timotheus 2,4) Das schließt dich mit ein und gilt auch für die ganze Welt.

Du hast als Christ das Vorrecht, andere darauf hinzuweisen, dass sie Gott nahe sein können. So, wie du selbst es schon erlebst. Außerdem hat Gott uns ein Gebot gegeben, das keinen Zweifel daran lässt, dass wir anderen unseren Glauben mitteilen sollen: „Geht hinaus in die ganze Welt und ruft alle Menschen in meine Nachfolge! Tauft sie und führt sie hinein in die Gemeinschaft mit dem Vater, dem Sohn und dem Heiligen Geist! Lehrt sie, so zu leben, wie ich es euch aufgetragen habe. Ihr dürft sicher sein: Ich bin immer und überall bei euch, bis an das Ende dieser Welt." (Matthäus 28,18-20)

Wenn in deiner Gemeinde ein Poster mit diesem Vers aufgehängt wird, weil gerade Missionare zu Besuch sind, heißt das nicht, dass nur vollzeitliche Mitarbeiter für die Verkündigung in fernen Ländern zuständig sind. Vielmehr ist es der Wille Gottes für alle Gläubigen, dass sie ihren Glauben anderen Menschen mitteilen. „Aber Herr", fragst du jetzt vielleicht, „soll ich tatsächlich mit meinen Klassenkameraden in der Schule über Gott reden?" Nun ja, in der Bibel heißt es, wir sollen in alle Welt gehen und die Gute Nachricht verbreiten. Bedeutet das etwa nicht überall? Oder schließt es vielleicht deine Freunde aus? In diesem Punkt müssen wir wirklich nicht um Erkenntnis beten, denn Gott hat hier seinen Willen ziemlich klar geäußert.

In meiner Anfangszeit als Christ war ich sehr darum besorgt, dass die ganze Welt etwas von Gott erfährt, aber die Leute in meiner Nähe waren mir dabei recht gleichgültig. Ich betete für die Menschen im Kongo und in China. Warum? Weil ich mit ihnen keine Beziehung beginnen musste. Als ich dann aber anfing, für meine Nachbarn und Freunde und die Person direkt neben mir zu beten, sagte eine kleine Stimme in mir: „Warum gehst du nicht los und redest mit ihnen?“

Das Gleiche gilt auch für viele Jugendliche in den heutigen Gemeinden. Sie treffen sich zum Gebet für ihre Mitschüler, aber reden nie auch nur ein Wort über den Glauben mit ihren Klassenkameraden. Sie beten für ihren Cousin in Toledo und für die Verbreitung des Glaubens im Sudan. Das ist sehr nötig, aber warum lassen sie ihren Banknachbarn dabei aus?

Gott hat uns geboten, unseren Glauben weiterzusagen, und wir können auch dafür beten, *wie und wo* wir dies tun sollen. Gelegenheiten dazu gibt es bereits genug, zum Beispiel in allen möglichen Gruppen wie dem Sportverein oder dem Schulchor, aber man nimmt die Gelegenheit nicht immer wahr. Doch das sind die Gelegenheiten, die du ergreifen kannst. Und wenn du dann erst einmal angefangen hast, wirst du sehr schnell merken, welche Art des Gespräches über den Glauben die richtige ist. Jeder von uns müsste sein wie Petrus, der sagte: „Lasst Christus den Mittelpunkt eures Lebens sein. Seid immer dazu bereit, denen Rede und Antwort zu stehen, die euch nach der Begründung eures Glaubens fragen.“ (1. Petrus 3,15)

Sag einfach: „Ich will.“

Vor einigen Tagen sah ich abends eine Sendung im Fernsehen, die zeigte, was alles bei Hochzeitsfeiern schief gehen kann. Bei einer war der Bräutigam krank geworden, bei einer anderen die Braut von Bienen gestochen worden, der riesige Hochzeitskuchen war umgestürzt und wieder woanders war die Kirche überflutet. Das Schlimmste, was aber einem Paar passiert war, war, dass ein Bräutigam auf der Fahrt zur Kirche einen Unfall gehabt hatte und nur unter größten Schmerzen die Trauung hatte überstehen können. Die nächsten drei Wochen hatte er dann im Krankenhaus verbracht – als Folge des Unfalls, nicht der Trauung, wie du dir vielleicht denken kannst.

Weißt du was? Kein Bräutigam, keine Flitterwochen.

Christ zu werden, ohne den Glauben auch jeden Tag zu leben, ist absurd. Es ist genauso wie zu heiraten und dann keine Flitterwochen zu haben. So wird Liebe nicht gelebt. Du bist dazu geschaffen, die Zeit als frisch Verheirateter auch wirklich zu genießen. Und beim Glauben ist das genauso. Du bist dazu geschaffen, deine Identität als Kind Gottes zu genießen.

Nur wenn du Gott ganz nahe bleibst, „in guten wie in schlechten Tagen, in Gesundheit und Krankheit", kannst du an allen Annehmlichkeiten der Gläubigen teilnehmen. Denk einmal über die tiefe Nähe zu Gott nach, die in den folgenden Versen zum Ausdruck kommt: „Herr, ein Tag in deinem Tempel ist mehr wert als tausend andere! Ich möchte lieber ein einfacher Torhüter sein an der Schwelle deines Hauses, als bei den Menschen zu wohnen, die dich missachten!" (Psalm 84,11) Und in Psalm 16,11 steht: „Du zeigst mir den Weg, der zum Leben führt. Du beschenkst mich mit Freude, denn du bist bei mir. Ich kann mein Glück nicht fassen, nie hört es auf."

Gott ist der Einzige, der die tiefen Bedürfnisse deines Herzens erfüllen kann.

Möchtest du das für dich ergreifen?

Dann sag zu Gott: „Ja, ich will."

Und lebe entsprechend.

Kapitel 8

Ich möchte Spuren hinterlassen

Tanjas Klassenkameraden gingen unter Tränen den Mittelgang der Kirche entlang, vorbei an ihrem Sarg. Einer nach dem anderen war anschließend an ein Mikrofon getreten und hatte erzählt, welchen Eindruck Tanja auf sie oder ihn gemacht hatte. Der Jugendpastor berichtete, wie ihre Begeisterung für ein Betreuungsprogramm für Schlüsselkinder Kreise gezogen hatte. Sie hatte viele andere Mitschüler dafür gewonnen und so Dutzende von Kindern davor bewahrt, in ihrer Einsamkeit auf falsche Ideen zu kommen. Tanja war der Motor für diese Arbeit gewesen und durch ihren plötzlichen Tod aufgrund eines Herzfehlers hinterließ sie eine riesige Lücke. Ihre Freunde fragten sich, wie jemand in ihrem Alter schon so viel hatte bewegen können.

Welche Erinnerungen wirst du hinterlassen?

Stell dir einmal deine Familie und Freunde in einem Gemeindesaal nach einer Beerdigung vor. *Deiner Beerdigung*. Sie unterhalten sich. Sie trinken Kaffee und essen

Kuchen. Was spielt sich da wohl ab? Zuerst einmal wärst du sicher traurig, wenn niemand weinen würde, weil er dich vermisst. Du möchtest Tränen sehen. Hier ein paar, dort ein paar, am liebsten überall. Außerdem möchtest du überall nur die freundlichsten Dinge über dich hören. Du hoffst natürlich auf etwas mehr als nur ein paar oberflächliche Bemerkungen.

„Das war's dann wohl."

„Na, den sind wir jetzt los."

„Krieg ich jetzt sein Zimmer?"

Das ist nicht das, was du erwartest, stimmt's?

Du hoffst vielmehr, dass darüber gesprochen wird, was du in deinem Leben alles bewirkt hast. Dass dein Leben die Welt zu einem freundlicheren Ort gemacht hat. Sie sollen davon überzeugt sein, dass du im Leben die richtigen Dinge getan hast.

Aber *was* in deinem Leben könnte etwas bewirken? Womit könnte es Bedeutung erhalten?

Jeder Drittklässler, der weiter gesprungen ist als jeder andere Drittklässler vor ihm, möchte, dass die ganze Schule sich ewig daran erinnert. Intellektuelle, Politiker und Generäle träumen davon, in Lexika, Büsten und Denkmälern verewigt zu werden.

Was wird es also bei dir sein? Vielleicht hast du bei irgendeiner Gelegenheit schon mal deine eigene Grabinschrift verfasst. Die Bedeutung deines Lebens in Kurzform. Denk doch mal darüber nach, auf welche Weise bedeutende und unbedeutende Menschen versuchen, Spuren zu hinterlassen. Wie würden deine aussehen? Such dir aus, welche der folgenden Sätze auf deinem Grabstein stehen sollte:

„Ich hinterlasse ein Millionenvermögen." Jesus hat deutlich gemacht, dass Geld für die Ewigkeit nicht von Bedeutung ist. Er hat dies über den Mann gesagt, der sein ganzes

Leben nur mit Geldverdienen zugebracht hatte: „Du Narr! Noch in dieser Nacht wirst du sterben. Was bleibt dir dann von deinem Reichtum?“ (Lukas 12,20) Jesus sagte, dass das Ende schmerzlich sein wird für alle, „die auf der Erde Reichtümer sammeln, aber mit leeren Händen vor Gott stehen.“ (Lukas 12,21)

„Ich war unglaublich berühmt.“ Berühmtheit und Macht sind noch viel vergänglicher als Geld. „Er stürzt die Mächtigen und nimmt den obersten Richtern die Gewalt. Sie gleichen jungen Pflanzen: Kaum sind sie gesetzt, kaum haben sie Wurzeln geschlagen, da bläst der Herr sie an, und sie verdorren. Wie dürres Laub werden sie vom Sturm verweht.“ (Jesaja 40,23-24)

„Ich habe meine Familie und meine Freunde geliebt.“ Jetzt kommen wir der Sache schon näher. An zweiter Stelle nach der Liebe zu ihm steht in Gottes Augen die Liebe zu anderen Menschen. Mit der Liebe für andere haben wir also viel erreicht. Der frühere US-Präsident George Bush fasste es in einem Interview folgendermaßen zusammen: „Politik ist wichtig. Es ist schmeichelhaft, an der Spitze einer Tafel zu sitzen. Es war wunderbar, die Welt zu bereisen und dabei etwas für den Frieden zu tun. Aber wirklich bedeutungsvoll sind im Leben die Familie, die Freunde und der Glaube. In meinem Leben erfüllt mich am meisten mit Stolz, dass meine Kinder immer wieder gerne nach Hause kommen.“

„Ich habe für Gott gelebt.“ Ich glaube, nur auf diese Art kann man ein Leben leben, das Bedeutung hat. Nur aus diesem Grund kam Jesus in die Welt und starb. „Und Christus ist deshalb für alle gestorben, damit alle, die durch seinen Tod das Leben geschenkt bekamen, nicht länger für sich selbst leben. Ihr Leben soll jetzt Christus

gehören, der für sie gestorben und auferstanden ist." (2. Korinther 5,15) Wenn Gott das Leben seines Sohnes gegeben hat, damit wir für ihn leben können, dann ist es von entscheidender Bedeutung, dass wir für Gott und für andere leben.

Nur dann hat unser Leben eine wirkliche Bedeutung, wenn wir es für Gott leben. Ein Leben für Gott übersteigt alle unsere Vorstellungen. Es ist eines der stärksten Gefühle zu erleben, dass Gott durch *unser* Leben zu *seinem* Ziel kommt! Die Erfahrung zu machen, dass Gott dich im Leben eines anderen Menschen gebraucht, ist mit keiner anderen Erfahrung zu vergleichen.

Gottes bedeutungsvoller Plan für dich

Eine Sache müssen wir aber unbedingt noch klarstellen: Es ist sehr spannend, bedeutungsvolle Dinge zu *tun*, es ist aber wichtig zu wissen, dass wir schon in alle Ewigkeit bedeutungsvoll *sind*. Als geliebtes Kind Gottes bist du für Gott so wichtig, dass nichts, was du jemals tust, diese Bedeutung noch verstärken kann. Wenn du der einzige Mensch wärst, den Gott jemals geschaffen hätte, wäre Jesus auch für dich gestorben, damit Gott eine Beziehung zu dir haben kann! Erinnerst du dich an das letzte Kapitel? Wenn du zu Gott gehörst, bist du für alle Ewigkeit liebenswert und wertvoll. Und du kannst überhaupt nichts tun, um deine Stellung als Kind Gottes zu verbessern.

Aber sicher möchtest du dennoch in deinem Leben etwas Bleibendes schaffen. Du möchtest etwas tun, damit du später einmal die Welt in einem besseren Zustand hinterlässt, als du sie vorgefunden hast.

Und auch Gott erwartet diese Art von Bedeutung von

dir. Immerhin bist du sein „Meisterstück“, von ihm geschaffen, um gute Werke zu tun (siehe Epheser 2,10). Bereits Paulus hatte sich dazu verpflichtet, Gottes Plan zu erfüllen und in Apostelgeschichte 20,24 schreibt er dazu: „Aber mein Leben ist mir nicht wichtig, wenn es darum geht, den Auftrag auszuführen, den mir Jesus Christus gegeben hat, nämlich das Evangelium von Gottes Gnade und Liebe zu verkündigen.“ Paulus hat sein ganzes Leben dafür eingesetzt, die besondere Aufgabe zu erfüllen, die Gott ihm gegeben hat. Mit anderen Worten: Er erreichte eine herausragende Bedeutung, indem er *Gottes Willen* tat.

Wenn du also Gottes Willen erkennst und seinem Plan folgst, wirst du das bemerkenswerteste Leben haben, das man sich nur vorstellen kann. Und du erfüllst deinen Herzenswunsch nach tiefer Bedeutung in dieser Welt, wenn du das anwendest, was du in diesem Buch gelernt hast – und all die Dinge, die Gott dich von jetzt an lehren wird.

Jesus, unser Vorbild, hat gesagt: „Ich lebe davon, dass ich Gottes Willen erfülle und sein Werk zu Ende führe.“ (Johannes 4,34)

Und auch Paulus hat seinen starken Wunsch durch seine Taten unterstützt. „Ich sage dir das, weil ich mit dem Todesurteil rechnen muss und mein Leben bald für Gott geopfert wird. Doch ich habe mit vollem Einsatz gekämpft; jetzt ist das Ziel erreicht, und ich bin Christus im Glauben treu geblieben.“ (2. Timotheus 4,6-7)

Es ist wirklich bedeutungsvoll, das zu beenden, was Gott einem als Auftrag gegeben hat, und bis zum Ende seinen Willen zu tun!

Wenn du als Christ immer wieder auf Gottes Führung achtest, kannst du davon überzeugt sein, dass dein Leben bedeutungsvoller sein wird, als du es dir vorstellen kannst – ganz gleich, wie Gottes Plan für dich aussehen wird.

Deine Lieblingsbeschäftigung

Gottes Willen kennen zu lernen und danach zu leben ist wesentlich schwieriger, als darüber zu lesen.

Wir können etwas über Gottes allgemeinen Willen lernen und verstehen, wir können sogar Gottes speziellen Willen für jeden Bereich unseres Lebens entdecken. Aber dennoch kann es schwer sein, seinen Willen bezüglich einer bestimmten Entscheidung in unserem Leben zu erkennen. Manchmal verlieren wir den Durchblick, manchmal sind Dinge nicht richtig klar. Aber Gott ist bei dir, um dir zu helfen und um deine Herzenswünsche zu verwirklichen.

Erinnerst du sich noch an unseren Vers vom Anfang aus Psalm 37,4? „Freue dich über den Herrn; er wird dir alles geben, was du dir von Herzen wünschst." Gott hat dir etwas versprochen, wenn er den ersten Platz in deinem Leben einnimmt: Er wird deine Herzenswünsche erfüllen. Wenn dein Leben Gott gehört und du seinem Willen folgst, dann möchte er, dass du seine göttlichen Absichten erfüllst. Ich will noch einmal daran erinnern, dass diese Aussage biblisch begründet ist.

Erstens ist es Gott, der dich führt. Gott hat David dazu inspiriert, diese vertrauensvolle Aussage aufzuschreiben. Du kennst sicher den ersten Teil, aber vielleicht hast du nie über das Ende nachgedacht: „Der Herr ist mein Hirte. Nichts wird mir fehlen. Er weidet mich auf saftigen Wiesen und führt mich zu frischen Quellen. Er gibt mir neue Kraft. Er leitet mich auf sicheren Wegen, weil er der gute Hirte ist (wörtlich: . . . um seines Namens Willen)." (Psalm 23,1–3) Hast du den letzten Teil verstanden? Du kannst wirklich darauf vertrauen, dass Gott es dir zeigen wird, wenn deine Wünsche nicht seinem Willen entsprechen. Warum? Wenn du ihm gehörst, dann wird nicht weniger als seine Ehre und Herrlichkeit dafür garantieren, dass er dich führen wird. Es ist *deine* Aufgabe zu hören, offen dafür zu sein und zu gehorchen. Es ist *seine* Aufgabe, dich zu leiten.

Zweitens: Wenn dein Leben Gottes allgemeinem Willen entspricht und du immer wieder nach seinem speziellen Willen für dich forschst, dann hat er auch versprochen, *deine Wünsche zu prägen.* Erinnerst du dich noch an das Versprechen in Römer 12,1-2? Wenn du dich Gott unterordnest und durch die Veränderung deiner Sinne erneuert wirst, „. . . nur dann könnt ihr beurteilen, was Gottes Wille ist, was gut und vollkommen ist und was ihm gefällt". Gottes Gedanken vermischen sich dann mit deinen Gedanken. Seine Wünsche werden deine Wünsche.

Wenn wir Gottes Willen durch Bibel, Gebet, den Rat anderer und die Betrachtung unserer Lebensumstände suchen und erkennen, heißt das aber nicht, dass Gott uns in die Zukunft sehen lässt.

Einen Schritt nach dem anderen gehen

Sicher geht es dir wie den meisten Menschen, sie wollen den *gesamten* Willen Gottes für sich *sofort* wissen, aber normalerweise führt Gott uns Menschen nur einen Schritt nach dem anderen. Nicht selten ist es mir passiert, dass mich jemand aus einer Abiturklasse gefragt hat, welches Fach er am besten studieren solle, oder dass ein Erstsemestler von mir wissen wollte, wo er nach dem Studium am besten hinziehen und arbeiten solle. Gott ist zwar an der Zukunft dieser Menschen außerordentlich interessiert – ebenso wie an deiner –, aber ihm ist es wichtiger, dass du jetzt und hier ihm gehorsam bist. Wenn du deine Hausaufgaben *jetzt* gründlich erledigst, um gute Noten zu bekommen, dann kann Gott dir *später*, das heißt zu gegebener Zeit, zeigen, was nach deinem Examen dran sein wird. So wie Jesus es gesagt hat: „Deshalb habt keine Angst vor der Zukunft! Es ist doch genug, wenn jeder Tag seine eigenen Lasten hat. Gott wird auch morgen für euch sorgen." (Matthäus 6,34)

Gott zeigt uns oft in überraschenden Einzelheiten, was wir heute tun sollen. Aber wenn es um unsere Zukunft geht, sind die Dinge meist etwas verschwommen. Gott zeigt uns keine Einzelheiten von dem, was erst in vielen Jahren sein wird, und wen wir heiraten, wo wir leben und wie viele Kinder wir haben werden, ist unklar. Gott möchte uns seinen Willen deutlich machen, aber er möchte auch, dass wir ihm bezüglich unserer Zukunft vertrauen.

Die Bibel warnt Menschen davor, zu viel Einfluss auf ihre Zukunft nehmen zu wollen. In Jakobus 4,13-16 heißt es: „Manche von euch sagen, heute oder morgen wollen wir hierhin oder dorthin reisen. Wir wollen dort ein Jahr bleiben, gute Geschäfte machen und viel Geld verdienen. Ihr plant so großartig und wisst nicht einmal, was morgen geschieht! Was ist denn schon euer Leben? Nichts als ein leiser Hauch, der – kaum ist er da – auch schon wieder verschwindet. Darum sollt ihr immer nur sagen: ‚Wenn der Herr will und wir leben, wollen wir dieses oder jenes tun!' Ihr aber seid stolz auf eure Pläne und gebt damit an. Doch eine solche Überheblichkeit ist durch und durch verwerflich." Wirkliche Weitsicht von Gott ist immer mit einer gesunden Portion Bescheidenheit verbunden, besonders wenn es darum geht, sehr weit in die Zukunft zu sehen.

Gott leitet dich lieber einen Schritt nach dem andern und das aus zwei ganz einfachen Gründen:

Wenn Gott dir bezüglich deiner Zukunft mehr zeigen würde, könntest du vielleicht nicht damit umgehen.

Wenn Gott dir bezüglich deiner Zukunft mehr zeigen

würde, könntest du vielleicht denken, du bräuchtest ihn eigentlich nicht.

Stell dir einmal vor, John F. Kennedy hätte als Zehn- oder Siebzehnjähriger gewusst, wie sein Leben verlaufen würde. Er hätte gewusst, dass er im Zweiten Weltkrieg ein Schiff steuern, im Pazifik damit versinken, der jüngste Präsident der Vereinigten Staaten werden und schließlich ermordet werden würde! Kannst du dir vorstellen, all diese Ereignisse im Voraus zu wissen? Für jeden von uns wäre das unerträglich.

Gottes weises Verständnis für unsere menschlichen Begrenzungen ist ein Grund dafür, dass er uns die Zukunft nicht offenbart. Aber es gibt da noch den zweiten Grund für unsere begrenzte Sicht in die Zukunft: Du könntest denken, dass du ihn an deiner Seite gar nicht brauchst.

An einer anderen Stelle in diesem Buch habe ich gesagt, Gottes Willen zu erkennen bedeutet nicht, einmal einen Schatz zu heben und sich dann darauf auszuruhen. Gott führt dich vielmehr Schritt für Schritt, damit du in seiner Nähe bleibst.

„Aber Josh“, denkst du jetzt vielleicht, „das ist ja, als würde man an der Kette liegen.“ Nein, es bedeutet, in Liebe mit Gott verbunden zu sein. Er rechnet damit, dass du Schritt für Schritt in einer engen Beziehung mit ihm verbunden bleibst und von ihm lernst, ihm nahe kommst und bei ihm bleibst. Denn ist es nicht so, dass die Erfüllung deiner Herzenswünsche damit zusammenhängt, dass du dich hauptsächlich an ihm erfreust?

Ich weiß nicht sehr viel über meine Zukunft, doch ich habe so einige Vorstellungen davon, denn ich habe Wünsche und Träume. Für meine Familie, meinen Dienst und mein persönliches Leben stelle ich mir einiges vor, was mir gefallen würde. Ich kenne Gottes Willen für mich in der Gegenwart und ich kenne seinen Willen für morgen. Dabei gehe ich einfach einen Schritt nach dem anderen.

Werde also nicht ungeduldig, denn es bleibt dir ohnehin nichts anderes übrig, als damit zu leben, dass du nicht sehr weit im Voraus wissen wirst, was dran sein wird. Gott wird dir nicht das sagen, was du noch nicht zu wissen brauchst, aber was du unbedingt wissen musst, wird er dir auf jeden Fall mitteilen. Da kannst du ganz sicher sein. Und wenn du einmal an einen Punkt kommst, wo du unbedingt eine Entscheidung treffen musst, aber Gott anscheinend schweigt? Dann sagt er wahrscheinlich: „Du entscheidest."

Lehn dich einfach zurück

Am Ende dieses Buches möchte ich dir noch einmal zusammenfassend drei innere Haltungen ans Herz legen, die wichtig sind, wenn du das Leben im Gehorsam gegenüber Gott zu deinem tagtäglichen Lebensstil machen möchtest.

Unverzichtbare Haltung Nr. 1: Ich werde mich Gott unterordnen. Vor einer Minute habe ich gesagt, dass es Gottes Sache ist, dich zu führen, und dass das Hören in deiner Verantwortung liegt. Wenn du dein Leben täglich Gott neu anvertraust und ihm sagst, dass du tun möchtest, was er für richtig erachtet, dann sind deine Ohren auch offen, um auf ihn zu hören. Im Psalm 139,23-24 wird ein gutes Gebet vorgeschlagen, wenn dir selbst diesbezüglich nicht genug einfällt: „Durchforsche mich, o Gott, und sieh mir ins Herz, prüfe meine Gedanken und Gefühle! Sieh, ob ich in Gefahr bin, dir untreu zu werden, dann hole mich zurück auf den Weg, der zum ewigen Leben führt!"

Unverzichtbare Haltung Nr. 2: Ich werde heute gehorsam sein. In Jakobus 1,22 steht: „Nun genügt es aber nicht, sein Wort nur anzuhören; ihr müsst auch danach handeln. Alles andere ist Selbstbetrug!" Achte darauf, Gottes Willen immer sofort zu erfüllen, sobald du ihn erkannt hast. Die Bibel, das Gebet, der Rat von anderen und deine Lebensumstände werden dir dabei helfen.

Unverzichtbare Haltung Nr. 3: Ich werde Großes erwarten. Gott möchte dich leiten. Deshalb solltest du aber nicht aufhören zu träumen. Denk einmal darüber nach, wie Gott Wachstum in dir bewirken könnte. Wie er durch dich lieben könnte. Wie er dich gebrauchen könnte, wenn du später einmal Lehrer wirst oder Arzt, Ingenieur, Musiker oder Politiker oder ob du als Elternteil zu Hause bleibst und für deine Familie sorgst. Du hast die Wahl, wie du deine Freiheit gebrauchen willst. Paulus drückte es so aus: „Liebe Brüder! Durch Christus wurde euch die Freiheit geschenkt. Das bedeutet aber nicht, dass ihr jetzt tun und lassen könnt, was ihr wollt. Nehmt vielmehr in gegenseitiger Liebe Rücksicht aufeinander." (Galater 5,13) Erwarte große Dinge, durch die Gott in deinem Leben verherrlicht werden soll.

Wenn du diese Haltung gegenüber deinem Leben hast, dann kann ich dir garantieren, dass du das Beste für dein Leben nicht verpassen wirst. Auf Gottes Art und Weise und zu seiner Zeit werden die tiefsten Wünsche deines Herzens erfüllt werden.